지금은 서툴러도 괜찮아

지금은 서툴러도
괜찮아

곽경택, 김용택, 성석제, 오소희, 이해인 외 지음

샘터

괜찮아, 힘을 내
넌 할 수 있을 거야
좀 서툴면 어때
가끔 넘어질 수도 있지

언젠가 웃으며 오늘을 기억할 날에
조금 멋쩍을지 몰라
너도 몰래 어느새
훌쩍 커버린 너일 테니

_베란다 프로젝트의 〈괜찮아〉 중에서

| 차 례 |

눈이 게으른 거란다

눈이 게으른 거란다 정희재 • 12

힘 빼고! 시선은 멀리, 앞을 향해! 양희은 • 16

산에 가마 땅을 밟고 바다에 왔으마 물을 밟고 이지누 • 21

쾌활함은 지혜보다 더 지혜롭다 서혜경 • 25

희망이 당신을 자유롭게 하리라 임혁필 • 29

남에게 친절하라 김영희 • 34

우리, 히말라야 가자 명로진 • 37

네가 봤어? 배칠수 • 43

불리한 조건을 뛰어넘기 위해 애쓰는 것보다 아름다운 것은 없다 이익선 • 46

네가 야구 잘하면 내 손에 장을 지진다 마해영 • 52

부딪히면서 배워요 오소희 • 57

한 가지 경험이 없으면 한 가지 지혜도 없다

동우야! 이동우 • 66
아이처럼 나승연 • 69
조금 비겁해도 괜찮아 김태훈 • 74
오늘은 내 남은 생의 첫날입니다 이해인 • 77
한 가지 경험이 없으면 한 가지 지혜도 없다 전수경 • 82
나를 재는 잣대는 오로지 나 자신뿐입니다 권은정 • 85
꾸어형 꾸어형 박수용 • 90
니 고통이 너의 자산이다 이창동 • 94
고개를 꼿꼿이 들고 허리를 곧추세우게 백경학 • 97
일하는 손이 제일 좋더라 김호기 • 101
타인의 칭찬을 부끄럽게 받아들일 줄 알라 박상우 • 105
누가 뭐라든 너는 너일 뿐 은진술 • 109

아님 말고

내 운명은 내가 결정한다 성석제 • 116
너 나중에 영화감독 해라 곽경택 • 120
기적은 현재가 있어야 온다 김태원 • 127
아님 말고 윤용인 • 131
나를 죽이지 못한 것은 나를 더욱 강하게 한다 안인희 • 136
나 죽거든 손님 잘 먹여야 한다 한성봉 • 141
지렁이처럼 기지 말고 자기 발로 일어나 뜻을 세워라 유지나 • 145
제가 개새끼입니까? 박경석 • 149
평생 잘난 척하지 말게 왕종근 • 154
그림에 완성이 어디 있어! 김선두 • 157
저질러라! 구자홍 • 161
그게 아니야 이병진 • 166
제 분수를 알아야지 이주실 • 169

아득하면 되리라

지금은 서툴러도 괜찮아 송정림 • 176
내 일 아니라 생각하면 웃을 수 있다 백재현 • 182
천하! 하성란 • 185
은혜는 겨울철에 자란다 이승한 • 190
니는 지게를 지든가, 유명한 놈이 될 끼다 김인철 • 195
당신의 평화를 빕니다 임영신 • 200
아득하면 되리라 이재용 • 206
변방이 세계의 중심이다 고명철 • 209
존경은 노력하여 얻는 것이지, 그냥 주어지는 것이 아니다 한유정 • 212
기산심해(氣山心海) 현철 • 216
봄날은 간다 정철진 • 219
넌 왜 미술부에 안 들어오냐? 임옥상 • 224
사람사는 일 어느 것 하나 버릴 게 없네 김용태 • 229

눈이
게으른 거란다

해가 지면 안도하고 새벽이 오면 또 하루가

시작되는 것이 겁났다던 엄마는 그런 세월을 살아오면서 알아차린 것이다.
게으른 눈에 속으면 안 된다는 것을.
해야 할 일 전부를 내다보면 겁먹기 쉽다는 것을.
엄마는 말했다. 오직 지금 내딛는 한 걸음,
손에 집히는 잡초 하나부터 시작하면 어느새 넓은 콩밭도 말끔해진다고.
인생의 모든 문제에는 반드시 끝이 있다고.

눈이 게으른 거란다

정희재

　　　　　　이십 대 후반의 한 시절을 시골에서 보낸 적이 있었다. 내 딴에는 글을 쓰겠다고 자청해서 유폐(幽閉)의 시간을 가진 것이었다. 그래도 세상에서 열심히 자신의 자리를 찾기 위해 애쓰는 또래들과 달리 나만 홀로 장아찌처럼 세상의 구석에 박혀 있다는 열패감이 문득문득 들었다. 그때마다 나를 일으켜 세운 것은 엄마의 어록들이었다.

　큰오빠가 벌인 사업이 힘에 부쳐 애를 먹던 무렵이었다. 어느 날 저녁, 오빠가 시골집에 안부 전화를 걸어왔다. 물론 사업 이야기는 털끝만큼도 비치지 않았다. 하지만 엄마들은 귀신같이 안다. 짐짓 예사로운 목소리를 꾸며도 자식이 무슨 일인가로 힘들어하고 있다는 것을. 무엇보다 벼랑 끝에 홀로 선 것처럼 외로워하고 있음을. 엄마가 말했다.

"해가 지면 그날 하루는 무사히 보낸 거다. 엄마, 아버지도 사는 게 무섭던 때가 있었더란다. 그래도 서산으로 해가 꼴딱 넘어가기만 하면 안심을 했느니라. 아, 오늘도 무사히 넘겼구나 하고. 해 넘어갈 때까지만 잘 버텨라. 그러면 다 괜찮다."

그 밤에 엄마가 속으로만 삭인 뒷말이 있었다.

"그러다 새벽이 오면 또 하루가 시작되는 게 몸서리쳐지게 무서웠단다."

그 말까지 더해야 진실이 완성되지만 엄마는 차마 말할 수 없었다고 한다. 말하지 않아도 새벽이 되면 절로 느낄 것이므로. 그 순간 자식에게 필요한 것은 기운을 북돋아 주는 말이란 걸 알기에. 그날 밤 잠자리에 누워 이런저런 얘기를 하던 끝에 엄마가 오빠에게 미처 하지 못한 그 얘기를 들려주었다. 나는 그 말에 담긴 서슬 푸른 삶의 비의(悲意)에 몸을 떨었다.

여름날 엄마를 도와 밭에 나가 김을 맨 적이 있었다. 한여름 콩밭에 쏟아지는 햇볕은 온몸을 삶을 것처럼 따가웠다. 사위가 하얗게 햇빛에 녹았고, 밭일에 서툰 나는 정신까지 혼미해질 지경이었다. 콩밭은 넓었다. 똑같이 고랑 하나씩을 맡아 시작했건만 얼마 지나지 않아 엄마는 벌써 저만치 앞서 갔다. 열린 땀구멍에서 더운 물줄기가 줄줄 흘러나왔고, 입에서는 단내가 났다. 풀을 뽑는지 멀쩡한 콩을 파는지 비몽사몽 중에 엄마를 뒤쫓으며 소리를 질렀다.

"엄마아! 이 넓은 콩밭을 언제 다 맨대요?"

그때 엄마가 던진 한마디.

"야야. 눈이 게으른 거란다."

그 말을 하는 순간에도 엄마는 나를 돌아보지 않은 채 오직 당신 앞에 난 잡초에만 집중하고 있었다. 나는 풀의 머리끄덩이 한 번 잡아당기고, 콩밭 한 번 둘러보며 한숨 쉬고, 그러느라 더 덥고 힘들었다.

도저히 넘을 수 없을 것만 같은 벽에 부딪혀 그만 포기의 평화를 누리고 싶어질 때면 나는 엄마의 어록들을 떠올린다. 도시에서 학교 다니는 자식들이 집에 오면 엄마, 아버지는 차비와 용돈을 들려 보내기 위해 사방으로 돈을 구하러 다녀야 했다. 동네에선 형편도 안 되면서 자식들을 대처까지 보내 공부시킨다고 입방아를 찧어 댔다.

해가 지면 안도하고 새벽이 오면 또 하루가 시작되는 것이 겁났다던 엄마는 그런 세월을 살아오면서 알아차린 것이다. 게으른 눈에 속으면 안 된다는 것을. 사람의 눈은 어리석기 짝이 없어서 해야 할 일 전부를, 인생 전체를 내다보면 미리 겁먹기 쉽다는 것을.

엄마는 말했다. 오직 지금 내딛는 한 걸음, 손에 집히는 잡초 하나부터 시작하면 어느새 넓은 콩밭도 말끔해진다고. 인생의 모든 문제에는 반드시 끝이 있다고.

정희재 _ 중앙대 문예창작과에서 문학을 공부했습니다. 졸업 후 잡지사와 출판사에서 근무하며 책을 만들었고, 인도와 네팔, 티베트 등을 여러 차례 여행했습니다. 이후 글 쓰는 삶으로 오롯이 들어서 다양한 사유를 담은 책들을 펴내고 있습니다. 지금까지 쓴 책으로는《아무것도 하지 않을 권리》《지구별 어른, 어린왕자를 만나다》《도시에서 살며 사랑하며 배우며》《나는 그곳에서 사랑을 배웠다》《당신의 행운을 빕니다》등이 있으며,《칫솔맨, 도와줘요!》《과자 마녀를 조심해!》등의 그림책에 글을 쓰기도 했습니다.

힘 빼고! 시선은 멀리, 앞을 향해!

양희은

"힘을 빼요! 힘을! 목하고 어깨에 쓸데없이 힘 주지 말고 자세를 바르게! 자기 발등 내려다보지 말아요! 시선은 머~얼리 두고, 앞을 향해!"

15년 전, 자전거를 배우러 송파 어머니 자전거 교실에 가서 수업을 시작할 때 들은 얘기다. 사십 대 중반까지도 나는 자전거를 타지 못했다. 그래서 자전거를 타고 씽씽 달리는 아줌마만 보면 언제나 선망 어린 눈빛으로 바라보았다.

첫날 수업은 넘어지는 법을 연습하면서 시작됐다. 넘어질 줄 알아야 달릴 줄도 안다는 이야기였고 이왕이면 덜 다치는 법을, 위험하지 않게 쓰러지는 법을 습득해야 한다는 이야기였다.

둘째 날에는 브레이크 조작법을 배운 뒤 약간 경사진 곳에서 가볍게 핸들을 잡고 두 다리를 앞으로 뻗은 채 중심 잡고 내려왔다. 그러다 평지에 도착하면 그때부터 페달을 밟기 시작하는 거였다. 비탈이라고 할 수도 없는 그곳에서 수차례 중심을 못 잡고 쓰러졌다. 집에 오니 온몸과 손아귀가 쑤셨다.

사흘째 되던 날, 선생님이 자전거 뒤를 잡아 주셔서 안심하고 가는데 어디선가 "아! 드디어 탄다!" 하는 소리가 들렸다. 벤치에 앉아 구경하던 남학생 셋이 박수를 치며 영감 같은 목소리로 우~~ 응원을 하고 있었다.

'뭐야? 쟤네들은 왜 학교 수업시간에 여기 나와 있는 거야? 누가 또 자전거를 타나? 어라, 근데 선생님의 뒷기척이 느껴지지 않네?'

이렇게 생각하는 순간, 자전거가 불안하게 흔들거리더니 그만 내 중심도 흔들렸다. 다행히 첫날 배운 잘 넘어지는 법이 생각나 브레이크를 가볍게 잡은 후, 두 발을 땅에 디뎠다.

　　　　　　　　선생님은 이젠 혼자 타도 되겠다며,
　　　　　　　가로수 사이를 두 그루씩 지그재그로
들어가고 나오는 연습을 하라고 하셨다.

　나흘째 되던 날, 올림픽 공원 바깥 담을 빙 돌아오면 수료증을 준다고 했다. 걷거나, 차를 운전할 때는 몰랐던 공포가 느껴졌다. 울고 싶었다. 자전거가 자꾸 씽씽 달리는 버스 안으로 빨려 들어갈 것만 같았다.

　"힘 빼고! 시선은 멀리 두고! 앞을 향해 나가자!"

　계속 주문처럼 되뇌다 보니 선생님이 기다리시는 곳까지 올 수 있었다. 내가 생각해도 참 대견했다.

　그 후로 내게는 두 대의 자전거가 생겼다. 하나는 난타 제작자인 송승환 씨가 연습하라고 선물로 준 초록빛 작은 바퀴 자전거, 또 하나는 내가 큰맘 먹고 산 큰 바퀴 자전거다. 하지만 둘 다 여전히 새것인 채로 연습실에 세워져 있다.

　〈행복한 수다〉라는 여행 프로그램을 할 때도 자전거를 탄 적이 있다. 그런데 '뒤에서 안 잡아 주나 보다? 나 혼자 타는 거야?' 하는 순간, 어~어~ 하면서 논두렁을 향해 가는 것이었다. 자전거야! 넌 왜 내가 원치 않는 방향으로 가는 거니?

처음 넘어지는 법을 연습하면서 시작됐다. 넘어질 줄 알아야 달릴 줄도 아는 것이니…

인생이나 자전거나 요점은 같다.

"힘 빼고, 자세 반듯이! 제 발등 보지 말고, 시선은 멀리, 앞을 향해!"

양희은_ 올해로 가수 데뷔 42주년을 맞았습니다. 1971년 〈아침이슬〉로 데뷔한 이래 뒷동산의 오래된 느티나무처럼 편히 기대어 쉴 수 있는 일상의 쉼표 같은 노래로 대중의 사랑을 받았습니다. 정감 있는 진행으로 MBC 라디오 〈여성시대〉의 DJ 자리를 10년이 넘게 지키고 있으며, 최근에는 MBC 〈찾아라! 맛있는 TV〉, MBN 〈실화극장 사건파일〉의 진행을 맡기도 했습니다.

산에 가마 땅을 밟고
바다에 왔으마 물을 밟고

이지누

●

나이 오십이 넘은 사람이면 누구나 그렇듯 나에게도 아주 소중한 재산이 있다. 곁에 두는 것으로도 모자라 항상 몸과 마음에 지니고 다닐 정도로 애지중지하는 것이다. 그러나 그것은 형체가 없으며 내 기억 속에만 남아 있다. 기억의 곳간 속에 그득하게 쌓여 있는 그것은 이 땅에서 민초로 살아온 사람들로부터 들은 이야기이다. 그들은 학교 교육의 잣대로 보면 무지렁이일지 모르지만 나에게는 큰 스승들이다. 들려준 이야기 하나하나마다 그들이 살아온 삶의 지혜가 듬뿍 묻어 있기 때문이다.

경북 울진 바닷가에 살던 손의출 할아버지도 마찬가지였다. 그이는 젊은 시절 큰 배를 타며 선장 노릇도 해봤다고 했다. 그렇지만 내가 처음 만났을 때는 일흔을 넘긴 나이였다. 해변도로를 지나는 길에 우연히 본 그이는 작은 뗏목을 타고 있었다. 비록 집 앞의 작은 바다이긴 했지만 강도 아닌 바다에서 뗏목을 타는 것이 생뚱맞아 보였다. 제주도에서는 '테우'라는 떼배를 타기도 하지만 육지에서는 처음 보는 장면이었다. 무작정 그이가 바다에서 나오기를 기다렸다.

그날부터였다. 1년이면 네댓 차례씩 그물을 손질하던 그이와 마주 앉은 것이 말이다. 백사장에서 '토막배'라고 부르는 뗏목을 조립하거나 해체하는 일도 같이 했지만 바다에 나갈 때만은 그이 혼자 나갔다. 그때마다 나는 백사장에 비스듬히 눕거나 기대앉아서 그이가 뒤뚱거리며 미역 건지는 것을 바라보곤 했다. 그렇게 두어 시간이 지나면 뗏목에 실린 큰 바구니에 돌미역을 한가득 채워 돌아왔다. 뗏목을 백사장으로 끌어 올리고, 바구니를 나르고, 미역을 마르기 좋게 널어놓는 일까지 거들고 나면 나는 언제나 그이를 졸랐다.

"할배요, 저거 나도 같이 타마 안 되능교."

그때마다 그이는 묵묵부답이었다.

그 이듬해 늦가을에, 여름내 사용하지 않던 뗏목을 조립한다는 연락이 왔다. 부리나케 달려갔더니 기다리던 할아버지는 별말 없이 골목으로 나섰다. 전봇대 뒤에 세워 놓았던 오동나무 동가리들을 리어카에 싣고는 백사장으로 향했다. 펼쳐 놓은 나무 동가리들은 순식간에 뗏목으로 만들어졌고, 그이는 갑자기 내 앞에 작업복을 한 벌 내놓았다.

"이거 입어라."

드디어 뗏목을 타볼 기회가 생긴 것이다. 서둘러 옷을 입고 나섰다. 그러나 웬걸, 바다로 나서자마자 두렵기 시작했다. 조용한 파도였지만 뗏목은 기우뚱거리기도 했고 발아래로는 쉼 없이 바닷물이 들락거렸다. 할아버지가 준 고무 작업복이 아니었으면 온통 젖고 말았을 것이다. 그렇거나 말거나 할아버지는 노를 젓기 바빴다. 닻을 내리고 미역을 건지다가 닻을 걷고, 다시 닻을 내리고 건지기를 서너 차례 되풀이하면서 점점 백사장과 멀어졌다. 두려움이 한여름 호박처럼 커진 내가 할아버지에게 물었다.

"할배요. 안 무섭은 기요."

대답은 간단했다.

"무섭기는…… 산에 가마 땅을 밟아야 하는 기고, 바다에 왔으마 물을 밟아야 하는 기라. 그기 젤로 안전하다. 물이 들락거리는 뗏목은 뒤비지지는 안 하는 기라. 배는 안 뒤비지더나, 안 그렇나?"

백사장으로 나와 몸을 추스르고 생각해 보니 그이는 은연 중 서로를 용납하며 어울리는 방법을 말하고 있었다.

지금껏 그 말을 잊지 못한다. 사람과 사람 사이에서 모나지 않고 어울리는 방법을 할아버지가 가르쳐 주었기 때문이다.

이지누_ 한국 문화를 섬세한 눈으로 톺아보며 글과 사진으로 기록하는 다큐멘터리안입니다. 나라 안 폐사지는 물론 동아시아 전역에 산재한 마애불의 기록 작업을 꾸준히 해오고 있습니다. 또한 우리 땅 골골샅샅 잼처 밟으며 순정한 풍경과 그 속에서 살아가는 사람들에 대한 작업도 진행 중입니다. 《우연히 만나 새로 사귄 풍경》《잃어버린 풍경》《마음과 짝하지 마라, 자칫 그에게 속으리니》《돌들이 끄덕였는가, 꽃들이 흔들렸다네》등의 책을 썼습니다.

쾌활함은 지혜보다 더 지혜롭다

서혜경

○

윌 듀랜트는 《철학이야기》라는 책의 모두(冒頭)에 '쾌활함은 지혜보다 더 지혜롭다'라는 독자들을 위한 헌사를 올려놓았다. 젊은 시절 이 말을 처음 접했을 때는 아무리 고개를 갸우뚱거리며 생각을 해도 잘 이해가 되지 않았다. 우리 인생에서 지혜만큼 소중하고 유용한 것이 어디에 있겠는가? 명랑하거나 즐거운 것이 지혜보다 더 지혜롭다니, 도저히 알 수 없는 주문 같기만 했다.

그러나 세상을 조금씩 살아가면서, 쓴맛과 단맛의 세월을

지나고 냉담과 공허의 현실들을 경험하면서, 생각이 달라지기 시작했다. 세상이 별것 아니라는 것을 깨닫고, 인간의 문명이 얼마나 불완전하고 허구에 가득 찬 것인가를 의심하기 시작할 즈음에는 지혜에 대한 나의 생각도 조금씩 달라지고 있었다.

그러던 어느 날, 정말 청천벽력 같은 선고를 받았다. 이렇게 건강하고 기운이 넘치는 내가 암이라니……. 그러나 운명의 화살은 피해 갈 수 없었고 병마 앞에는 장사가 있을 수 없었다.

항암주사 한 번에 머리카락이 몽땅 빠지고, 항암주사 두 번에 백혈구 수치가 생명을 위협할 정도로 떨어지고, 항암주사 세 번에 이렇게 사느니 옥상에서 뛰어내리고 싶다는 생각까지 들었다. 하필 나한테만 이렇게 가혹한 시련을 주는 신에 대한 분노와 원망 앞에서 지혜가 무슨 의미가 있으며, 죽음 앞에서 지혜가 무슨 소용이 있겠는가?

그제야 깨달았다. 백 마디 슬기로운 지혜의 말보다는 쾌활한 긍정의 힘이 나를 지켜 주는 가장 큰 덕목이 될 수 있다는

멍멍하거나 즐거운 것이 지혜보다 더 지혜롭다니, 알 수 없는 주문 같았다.

것을. 신체와 정신의 문제가 철학의 문제인지 과학의 문제인지 나는 알지 못한다. 그러나 쾌활함과 긍정의 힘을 믿는 정신이 나의 신체를 부축해 주었고 나는 그 지긋지긋한 항암 치료 기간을 견뎌 낼 수 있었다.

행복이 웃음을 주는 것이 아니라 웃음과 쾌활함이 행복을 불러오는 것이다. 웃어라, 즐거워하라. 역시 쾌활함은 지혜보다 더 지혜롭다.

서혜경_ 피아니스트입니다. 1980년 부조니 콩쿠르에서 동양인 최초로 우승하며 세계 무대에 데뷔하였습니다. 카네기홀이 선정한 3대 피아니스트로 승승장구하던 그의 인생은 2006년 유방암 3기 판정을 받으며 브레이크가 걸립니다. 의사에게 피아노를 포기하라는 권유를 받았지만, 최소한의 절제 수술을 선택하고 여덟 번의 항암 치료와 서른세 번의 방사선 치료를 견뎠습니다. 2008년 복귀 연주회에서 한국인 최초로 라흐마니노프 협주곡 2번과 3번을 동시에 연주해 뜨거운 찬사를 받았습니다.

희망이 당신을
자유롭게 하리라

임혁필

●

　　　　자주 다투시는 부모님의 모습이 너무 보기 싫었던 나는 그저 집을 빨리 떠나고 싶었다. 그래서 방위 판정을 받고서도 부모님 몰래 해병대에 지원했다. 입대하기 전날, 내가 해병대에 지원한 이유를 말씀드렸더니 어머니는 미안한 마음에 펑펑 우셨다.

　다음 날 나는 포항에 있는 해병 제1사단으로 입소했다. 해병대 훈련은 생각했던 것보다 훨씬 더 고되고 힘들었다. 어릴 적부터 내성적이고 그림 그리기를 좋아했던 나에게 해병대는

견디기 힘든 순간에도
나는 가슴에 '희망'이라는 두 글자를
새길 수 있었다.

정말 다른 세계였다. 선임들의 견디기 힘든 욕설, 가혹행위(지금은 많이 없어졌다고 한다), 팍팍한 내무반 생활……. 동료들과도 잘 어울리지 못했다.

'해병대에 왔으니 진짜 남자가 되어야지' 하는 마음보다는, '집안 환경이 좋았다면 이렇게 힘든 데 안 왔을 텐데. 그냥 그때 방위 갈걸' 하는 생각밖에 들지 않았다. 해병대는 내게 말 그대로 현실 도피를 위한 선택이었기에, 매 순간이 견디기 힘들었다. 하루에도 몇 번씩 탈영을 생각했다.

그러다 위로 휴가를 받게 되었다. 영화를 좋아했던 나는 휴가를 나오자마자 극장으로 향했다. 액션 영화나 보며 그동안 받은 스트레스를 풀고 싶었다. 그런데 내가 보고 싶어 했던 영화는 이미 표가 매진되고 없었다. 매사 부정적이었던 나는 '난 왜 이리 되는 일이 없을까' 하는 생각부터 들었다. 실망하고 발길을 돌리려던 차에 한 남자가 웃옷을 풀어 헤치고 비를 맞으며 하늘을 바라보는 포스터와 마주쳤다. 〈쇼생크 탈출〉.

순간 생각했다. '제목이 쇼생크가 뭐야?' 하지만 이왕 왔으니 아무거나 보자는 마음으로 일단 표를 끊고 자리에 앉았다. 낮 시간이라 그런지 관객도 별로 없었다. '어떻게 나온 휴가인데 이 귀한 시간을 그냥 버리게 되는 거 아냐?' '복귀하면 또 어떻게 살아야 하나?' 영화가 시작되기를 기다리는 동안에도 머릿속은 온갖 부정적인 생각들로 가득했다. '에라, 모르겠다. 이왕 들어왔으니 돈이 아까워서라도 보고 가자' 하며 계속 앉아 있었다.

영화가 끝날 무렵, 나는 조용히 뺨에 흐르는 뜨거운 눈물을 닦고 있었다. 이 영화는 나의 이야기였다. 하지만 군 생활 내내 부정적이었던 나와 달리, 이 영화의 주인공 앤디는 억울한 수감 생활 중에도 긍정적인 삶의 태도를 잃지 않았다.

뜨거운 태양 아래 일하는 동료들에게 시원한 맥주 한 잔을 선사하는 기지를 발휘하기도 하고, 사이렌 소리밖에 들리지 않는 감옥 쇼생크에 오페라 '피가로의 결혼'이 울려 퍼지게 해 수감자 모두를 감동시켰다. 그리고 마지막까지도 포기하지 않았던 그의 신념…….

나와 환경만 비슷했지 모든 것이 너무나도 달랐다. 너무나 생소한 제목의 이 영화를, 그것도 휴가를 나와 보게 된 것은 내 인생을 바꾸어 놓은 운명적인 만남이었다.

수감자들에게 맥주와 오페라는 단순히 술과 듣기 좋은 음악이 아니라 '희망'이 아니었을까. 군 생활에 잘 적응하지 못해 탈영까지 생각했던 나에게, 이 영화가 단순히 영화가 아닌 희망의 메시지 그 자체였던 것처럼. 덕분에 나는 제대하는 그날까지 '희망'이라는 두 글자를 가슴에 새기고 건강하게 군 생활을 마칠 수 있었다.

제대한 지 15년이 지난 지금도 힘들고 어려울 때면 그 시절을 생각하며 '그때도 잘 해냈으니 힘내자'라고 나를 위로한다. 그리고 〈쇼생크 탈출〉 포스터에 쓰여 있던 말을 떠올린다.

'두려움은 당신을 가두고, 희망은 당신을 자유롭게 하리라 (Fear can hold you prisoner, hope can be set you free).'

임혁필_ KBS 공채 13기 개그맨입니다. 〈개그콘서트〉〈폭소클럽〉 등의 프로그램에 출연하며 세바스찬, 필사마, 프랑켄 등 다양한 캐릭터로 큰 웃음을 선사했습니다. 원래 개그맨보다 화가를 꿈꾸었다는 그는 방송 출연과 함께 활발한 그림 활동을 하고 있으며, 육아만화 에세이《Feel So Good》과《임혁필의 서울 역사 기행》을 썼습니다. 최근에는 '넌버벌 퍼포먼스 판타지쇼'와 '샌드 애니메이션'의 연출가로 멋진 공연을 열기도 했습니다.

남에게 친절하라

김영희

●

　　남에게 친절하라. 삼십 대 초반, 어느 책에서 읽은 말이다. 이 간단한 말이 '나를 움직인 한마디'라고 하면 우습게 들릴 수도 있겠지만, 그 후 이 말은 내 삶의 모토가 되었다. 나 자신도 친절하게 살기 위해 노력했고, 우리 아이들 또한 그렇게 살기를 바랐기에 학기 초에는 선생님께 꼭 이렇게 편지를 썼다.

　　'우리 애는 성적이 중요하지 않습니다. 착하고 바르게, 남한테 친절하도록 가르쳐 주세요.'

　　우리는 살아가면서 다양한 입장에 처하게 된다. 강자가 될 때도 있고 약자가 될 때도 있다. 어느 순간에는 누군가를 도와줄 수도 있고, 또 내가 도움을 청할 수도 있다. 중요한 것은 내가 어떤 위치에 있든 남에게 친절을 베푸는 것은 마음먹기에 달려 있다는 것이다. 그리고 거기에는 내 행복도 달려 있다. 아무리 가진 것이 없더라도, 누군가에게 잊지 못할 친절을 베풀 수 있다면 그 얼마나 행복한 일인가.

1년 전쯤 한 통의 전화를 받았다. 그는 대뜸 내 덕분에 한 방송사의 PD가 되었다며, 너무 기뻐서 나한테 꼭 알리고 싶어 전화했다고 말했다. 영문을 몰라 어떻게 된 사연인지 물었다. 그가 말하길 대학교 2학년 때 PD가 너무 되고 싶어서 매일 방송국에 드나들었는데 아무도 자신을 상대해 주지 않았다고 한다. 그러다 우연히 나를 만나 이야기를 나누게 되었고, 생판 알지도 못하는 내가 커피까지 사주면서 한 시간 동안 이런저런 조언을 해주었다는 것이다.

그는 "열심히 해서 꼭 PD가 돼라"는 내 한마디를 가슴에 품고 부지런히 공부해서 PD가 되었다고 말했다. 당시 나를 찾아와서 조언해 달라는 학생이 너무나 많았기에, 아마 의례적으로 한 말이었을 것이다. 그런데 그 말을 너무나 따뜻하게 받아들이고 거기에서 힘을 얻어 사회적으로 훌륭한 일꾼이 되었다니, 작은 친절이 한 사람의 인생에서 얼마나 큰 힘을 발휘할 수 있는지를 새삼 느끼게 되었다.

훗날 인생을 마칠 때, 나는 이 질문에 대답하는 것으로 나의 인생을 정리할 수 있을 것 같다.

'남에게 친절하게 살았는가, 아닌가?'

누군가에게 친절했다면 난 행복한 인생을 산 것이다. 그리고 그것이 바로 성공한 인생이다.

김영희 _ 1986년 MBC에 입사해 '쌀집 아저씨'라는 별칭으로 국민적인 인기를 누린 PD입니다. 〈일요일 일요일 밤에〉의 한 코너인 '이경규의 몰래 카메라'와 양심 냉장고로 이슈가 된 '이경규가 간다'를 비롯해 〈칭찬합시다〉〈21세기 위원회〉〈전파견문록〉〈!느낌표〉〈나는 가수다〉 등 다양한 프로그램을 만들었습니다. 특히 〈!느낌표〉에서 진행된 '하자하자' '책책책 책을 읽읍시다' 등의 코너들은 재미를 넘어 사회적 반향을 이끌어 냈습니다.

우리, 히말라야 가자

명로진

　　　　　　그와 나는 생판 모르는 남이었다. 17년 전쯤에 그를 동호회 선배로 만났다. 온라인 친목회에서 그는 '날라리'라는 닉네임을 썼다. 막 방송에 데뷔했던 나는 멋모르고 철모르고 또 가난한 배우였다. 날라리 형은 무역업을 하는 중소기업 사장이었다.

　가끔 만나 술잔을 기울이며 인생 이야기를 하곤 했는데, 우리는 죽이 잘 맞았다. 이십 대 후반의 연기자와 한때 배우를 꿈꾸었던 삼십 대 후반의 남자 둘은 만나면 시간 가는 줄 몰랐다. 등산도 가고 낚시도 다니고 서로의 집을 오가며 웃고 떠들고 마셔 댔다. 어느 날 술자리에서 나는 지나는 말처럼 이렇게 말했다.

"다음 주부터 촬영인데, 옷이 없다. 옷이……."

이틀 뒤, 날라리 형은 나를 한 백화점 남성복 코너로 불렀다.

"로진아! 여기 있는 옷 중에서 마음에 드는 걸로 골라라. 사주는 건 아니고…… 빌려 입고 갖다 줘야 해."

나는 날라리 형과 그 남성복 코너의 점장이 무슨 관계라도 되는 줄 알았다. 나중에 안 일이지만, 두 사람은 아무 사이도 아니었다. 술자리에서 내 말을 들은 날라리 형이 어찌어찌 인맥을 통해서 협찬을 받아 준 것이었다. 덕분에 나는 무사히 촬영을 마칠 수 있었다.

이듬해 나는 부모님이 사시는 집에서 나와 방송국 가까운 곳에 원룸을 얻었다. 당시에는 집을 사고팔 때 대부분 현금으로 거래를 했다. 수천만 원에 이르는 전세 보증금을 만 원짜리 현찰로 출금하여 봉투에 나누어 담아 보관하고 있었다.

다음 날 아침 돈을 지불하려다가 천만 원이 비는 것을 알았다. 이런! 전날 집 정리를 하면서 봉투 하나를 내다 버리고 만

것이다. 쓰레기차는 이미 지나가 버렸고, 현찰이 든 봉투는 찾을 길이 없었다. 망연자실, 아무 생각도 나지 않았다. 집주인에게 일주일 정도 여유를 달라고 부탁했지만, 딱히 해결책이 있는 건 아니었다.

일주일 뒤 누군가 내 계좌에 천만 원을 입금했다. 입금자는 '민기태'였다. 민기태, 민기태가 누구더라? 아! 날라리 형의 이름이 민기태였다. 이 사람은 어떻게 말도 없이 이런 짓을 할 수 있나?

그는 동호회에서 나와 절친인 광현이에게 소식을 들었다면서, 돈을 입금하고 급히 중국으로 출장을 가느라 연락을 못 했다고 했다. 전세금에 보태서 급한 불부터 끄고 나중에 돈이 생기면 갚으라는 것이었다. 나는 5년 뒤에야 그 돈을 갚았다. 그때까지 그는 한 번도 "야! 너 돈 안 갚을래?" 하는 말을 한 적이 없었다. 그는 그런 사람이었다.

10년 전쯤, 나는 잠시 식당을 운영한 적이 있다. 미식가도 아니고 경영 능력이 있는 것도 아니었는데 무모하게 개업부터 했다. 이때, 날라리 형은 하루가 멀다 하고 달려와서 밥을 먹었다. 친구와 선후배들을 데리고 와서 고기를 사거나 사게 했다. 그러다 열흘 만에 나타나서는 제일 먼저 한다는 말이 이랬다.

"미안하다. 그동안 일이 바빠서 자주 못 왔다."

나는 처음에 그가 사기꾼인 줄 알았다. 내게 받은 것도 없이 잘해 주었기 때문이다. 세월이 지나고 보니, 그는 진정 베푸는 걸 좋아하는 사람이었다. 좋은 사람, 멋진 사람, 친구 하고 싶은 사람이었다.

그는 산을 참 좋아했다. 언젠가 그가 내게 말했다.

"로진아, 우리 시간 되면 히말라야 한번 가자."

나는 흔쾌히 동의했다. 히말라야에 다녀오는 데 많은 돈이 드는 것은 아니다. 내가 경비를 다 대고 날라리 형과 함께 히말라야에 갔다 오고 싶었다. '다음에는 꼭!' '내년에는 반드시!' '올가을에 필히!'라는 공수표를 날리며 우리는 헤어졌다. 그리고 지난가을 이런 소식이 날아들었다.

"기태 형, 폐암 말기래."

며칠 전, 형을 보고 왔다. 형은…… 말 한마디 못 하고 눈조차 뜨지 못했다. 그 많던 머리칼도 다 빠졌다.

"형! 일어나요. 히말라야 가야지."

'다음에는 꼭!' '내녀에는 반드시!'라는 공수표를 날리며 우리는 헤어졌다.

from himalaya

결국 또 말로만 '히말라야 가자' 하고 병실을 나섰다. 이제 나는 시간도 있고, 돈도 있는데…… 당장 내일이라도 히말라야에 갈 수 있는데…… 건강할 때 그냥 다녀올걸. 후회해도 소용없었다.

"우리, 히말라야 가자."

이 말은 받은 사랑을 돌려주고 싶어도 사람은 무한정 기다리지 않는다는 깨달음을 준 한마디다.

명로진_ '글을 써서 책으로 내는 것'과 '연기하고 방송하는 것'을 업으로 삼고 있습니다. 연세대 불문학과를 졸업하고 신문 기자로 일하다 1994년 연기자로 데뷔했습니다. 《인디라이터》《내 책 쓰는 글쓰기》《베껴 쓰기로 연습하는 글쓰기책》 등 글쓰기와 책 쓰기에 대한 단행본뿐 아니라 시집, 에세이, 동화, 실용서 등 30권이 넘는 책을 썼습니다. 1년에 50회 이상 글쓰기, 소통, 자녀교육, 여행에 대한 강연을 하며, 현재 심산스쿨에서 책을 내고 싶은 사람들을 대상으로 '인디라이터' 강의도 하고 있습니다.

네가 봤어?

배칠수

"네가 봤어?"

이 한마디는 어린 시절 나를 적어도 다섯 살은 겉늙게 했다. 나는 어렸을 때부터 고집이 세고 무조건 내 말이 옳다고 주장했던지라 친구들은 웬만해서는 나에게 우기려 들지 않았다. 내 말이 백번 옳아서가 아니라 기어코 내가 이겨야만 논쟁이 끝났기 때문이다. 그러나 한 친구만은 달랐다. 공부를 잘했던 성대일이라는 친구는 나와 말싸움을 벌였다 하면 그럴싸한 근거를 대며 끝까지 나를 압박해 오곤 했다.

그렇게 서로 우기기 논쟁을 벌이던 어느 날, 친구가 대뜸 나에게 물었다.

"지구가 둥그냐?"

"바보야, 지구는 둥글지!"

나는 코웃음을 치며 대답했다. 논쟁은 계속됐다.

"네가 봤어?"

"야, 그걸 꼭 봐야 아냐? 달 착륙 사진에도 나오잖아."

"그 사진이 조작된 거라면 어쩔 건데?"

순간 나는 주춤했다. 지구가 둥글다는 것은 너무나 당연한 만고불변의 진리인데, 그걸 뭘 보고 말고 하나? 그러나 열두 살의 우리에게는 어떤 사실을 가지고 우기기 전쟁에 임할 때 '직접' '본' 것은 매우 중요한 문제였다.

내게 그 말을 했던 친구도 지구가 네모나 마름모꼴이라고 우긴 것은 아니었다. 단지 한마디도 지지 않는 내가 미워서 그랬을 터다. 어쨌든 그날 논쟁에서는 내가 졌다. 내 눈으로 보지 못한 것이 너무도 분명했으니.

친구가 내게 던진 "네가 봤어?" 이 한마디는 '내 생각이 혹 잘못된 것은 아닐까?' 되짚어 보며 내가 그르다고 생각하는 일이나 반대하는 일도 다르게 생각해 보게 된 결정적인 계기가 되었다.

이 말은 마흔이 다 되어 가는 요즘에도 내 머릿속에 강력하게 살아남아 생활 곳곳에 적용되고 있다. 유언비어를 퍼뜨리고 싶어 입이 근질근질할 때도 이 말을 생각한다.

"네가 봤어?"

또 사랑하는 아들딸이 안타깝게도 나를 쏙 빼닮아 자기주장이 강하고 남의 말을 받아들이지 않는다면 우기기 선배로서 꼭 이 말을 해주고 싶다.

"네가 봤어?"

배칠수_ 성대모사의 달인으로, 라디오 DJ로 종횡무진 활약하고 있는 방송인입니다. 1999년 슈퍼보이스탤런트 선발대회를 통해 데뷔했습니다. 수많은 인물들의 특징을 희화시켜 성대모사하지만 자신이 연기한 인물이 타계하면 더 이상 해당 인물에 대한 성대모사를 하지 않는 것으로도 유명합니다. 2003년 SBS 연기대상 라디오 부문 우수상, 2010년 MBC 연기대상 라디오 부문 우수상을 수상했으며, 현재 MBC 표준FM 〈배한성, 배칠수의 고전열전〉, TBS 〈배칠수, 전영미의 9595쇼〉 등을 진행하고 있습니다.

불리한 조건을 뛰어넘기 위해 애쓰는 것보다 아름다운 것은 없다

이익선

●

 카프카가 이런 말을 했다고 한다. '사람이 자신의 발목을 잡고 있는 불리한 조건들을 뛰어넘기 위해 애쓰는 것보다 아름다운 것은 없다'라고.

 이 말이 유난히 가슴속에 깊이 박히게 된 까닭은, 시도 때도 없이 내 발목을 붙잡고 의욕과 사기를 갉아 먹던 열등감과, 그 녀석을 물리치느라 힘겨웠던 내 모습을 너무나 잘 표현하고 있기 때문이다.

 넉넉지 않은 형편, 원하는 학교에 갈 수 없었던 성적, 작은 키에 작은 눈, 방송을 하기에는 지극히 평범한 외모, 사교성이 부족하고 내성적인 성격, 지나치게 걱정하는 태도…… 하고 싶은 일, 이루고 싶은 꿈에 다가가려고만 하면 그런 콤플렉스가 내 발목을 붙잡았다. 특히 같은 업종에 있는 선후배를 만날 때면 정도가 더욱 심해져서, 일을 할 때도 자주 의기소침해지곤 했다.

오죽하면 토크 프로그램의 진행자였던 선배가 "이익선 씨는 그 점을 어떻게 생각하세요?" 하며 대본에도 없는 질문을 던졌겠는가. 본래 토크 프로그램은 원고가 거의 없고 패널들의 '말발'이 생명줄이다. 그런데 내가 나서야 할 타이밍에 한마디도 못 하고 꿀 먹은 벙어리처럼 가만있었으니……. 결국 그 프로그램에서는 나를 다시 부르지 않았다.

그러나 열등감이 계속 득세하는 것은 아니다. 마음 한쪽에는 그런 녀석쯤 별것 아니라고 다독이며 나를 부추기는 또 다른 자아가 있다. 덕분에 수없이 내 인생에 태클을 거는 콤플렉스들을 무시하고, 때로는 너끈히 물리치며 보란 듯이 승리의 쾌감을 누리는 날도 있다.

우리는 누구나 각기 다른 조건 속에서 여러 가지 어려움을 안고 살아간다. 배경이 좋지만 건강이 허락지 않는다든가, 재능은 있지만 뒷받침해 줄 여력이 없다든가. 성격이나 외모, 집안 배경, 남다른 환경 때문에 도무지 내 미래는 승산이 없다고 생각하는 사람도 있을 것이다. 그럼에도 많은 이들이 우뚝 일어서는 것은 불리한 조건들을 능히 물리치는 저마다의 비밀병기가 있기 때문이 아닐까.

불리한 조건들이 내 발목을 잡지만
긍정의 힘을 무기 삼아
또 하루를 살아 낸다.

키높이 구두를 신지 않는 당당함은 작은 키에 대한 콤플렉스에서 자유롭게 해줄 것이다. 아무리 큰 불행 속에 있어도 더 중요한 일에 쓰기 위해 신이 나를 담금질한다는 믿음은 절망에서 구원해 줄 것이다. 그 밖에도 노력, 열정, 인내, 자존감, 가족의 사랑…… 이 아름다운 단어들은 이 순간에도 불리한 조건을 뛰어넘기 위해 몸부림치는 이들에게 그보다 몇백 배 더 강력한 무기가 되어 줄 것이다.

지금도 내게는 방송을 하기에 불리한 조건들이 많다. 이를테면 매니저도 없이 혼자 운전하고 화장품 가방, 옷 가방을 모두 들고 다니면서 언제 일이 떨어질지 몰라 전전긍긍해야 하는 프리랜서의 처지, 늘 손길이 필요한 어린아이 둘의 엄마라는 자리, 갈수록 더해지는 집안에서의 책임, 눈 옆에 생겨나는 잔주름, 삐죽삐죽 나오기 시작하는 흰머리, 전보다 훨씬 빨리 찾아오는 피로감, 대책 없는 건망증…… 그런 것들이 나를 괴롭히지만 '이 정도면 행운이다'를 주문 삼아 열심히 하루를 살아 낸다. 좋은 말을 자꾸 하면 실제 이루어진다는 긍정적인 마음은 나의 강력한 무기인 셈이다.

그렇게 마음속이 치열한 전장이었던 날은 카프카의 말을

되새기며 하루를 마감한다. 내 발목을 잡는 불리한 조건을 뛰어넘기 위해 애썼으며, 그래서 오늘 난 가장 아름다웠노라고.

이익선 대한민국 최초의 여성 기상 캐스터입니다. 1991년 KBS에 입사해 〈KBS 뉴스광장〉〈날씨와 생활〉〈KBS 뉴스라인〉에서 기상 방송을 진행했으며, 〈연예가중계〉, EBS 〈시네마 천국〉〈희망풍경〉에서 활동하기도 했습니다. 현재 국군방송 〈행복 바이러스〉, TBS 〈이익선의 뮤직하이웨이〉, 불교TV 〈어머니 나의 어머니〉, 국회방송 〈생방송 국회 투데이브리핑〉에서 MC로 활약 중입니다.

네가 야구 잘하면 내 손에 장을 지진다

마해영

●

1977년 봄, 나는 부산 대연초등학교에 입학했다. 키가 커서 입학식장 맨 뒤에 서 있었는데, 선생님이 내게 건넨 첫마디는 "이제 형은 집으로 돌아가도 된다"였다. 당시 나는 또래보다 머리 하나가 더 컸다. 두 살 터울의 형과 같이 학교를 다녔는데, 처음에 형 친구들은 모두 내가 형인 줄 알았다고 한다.

큰 키 때문이었을까. 나는 초등학교 4학년 여름에 야구를 시작하게 되었다. 남들보다 덩치가 크다는 이점 덕에 야구를 꽤 잘한다는 칭찬을 자주 들었고, 그로 인해 나는 더 야구에 집중할 수 있었다. 6학년 한 해 동안 통산 타격 1위에 오르며 기대주로 자리매김했다.

그 후 더디 자랐는지 중학교 3학년 때는 키가 겨우 162cm에 머물렀다. 성장이 멈추는가 싶어 조금 걱정스러웠지만, 다행히도 고등학교에 입학하면서 폭풍 성장을 하여 183cm를 넘게 되었다. 1년간 무려 21cm나 자란 것이다. 야구 실력은 부산중, 부산고를 거치며 무난히 성장했다. 성장통 때문인지 온몸이 아파 병원과 한의원에서 살다시피 했지만, 운동을 그만둘 만큼 심각한 부상은 없었다.

그 당시는 고등학교를 마치고 곧장 프로 구단으로 입성하기보다는 대학교 배지를 달고 아마추어 야구를 거쳐서 프로에 진출하는 것이 엘리트 코스였다. 그래서 나는 국가대표급 선수들이 대거 포진해 있는, 대학야구의 최강자였던 고려대에 진학했다.

당시 감독이셨던 최남수 감독님은 정말 세계 어디에서도 찾기 힘든, 독특한 캐릭터를 지닌 분이었다. 늘 야구 잘하는 최고 선수들을 상대하시다 보니 눈높이도 상당했다. 그런 분에게 인정받기 위해서는 무수히 땀을 흘리며 노력하는 수밖에 없었다. 나 자신의 발전을 위한 것이기도 했지만, 코치진에게 인정받고 싶어서라도 더욱 이 악물고 훈련에 임했다.

하지만 그런 나의 노력은 안중에도 없이 내 가슴에 비수를 꽂은 사람이 있었다. 지금까지도 나는 그 이름을 분명히 기억하고 있다. 바로 정용락 코치다. 청소년 국가대표를 지내는 등 화려한 이력으로 고려대에 입학했지만 그 이후 뚜렷한 성장세를 보이지 못하면서 일찌감치 지도자의 길로 들어섰던 분이다. 코치님은 센스 있는 야구를 펼치는 2루수 출신이었다. 그래서인지 야구하는 폼이 예쁘지(?) 않은 내가 영 마땅치 않으셨던 모양이다.

어느 날이던가 훈련을 마치고 숙소로 돌아오는 길에 프로 진출 이야기가 나왔다. 그때 코치님이 내게 던진 한마디.

"네가 프로 가서 성공하면 내 손에 장을 지진다."

지금껏 살면서 한 번도 그 말을 잊은 적이 없다. 물론 프로 무대에 가서 성공하는 것이 무척 어렵고 힘든 것은 사실이다. 하지만 그 말은 덕담도, 훈계도 아닌 혹평이었다. 내 가슴에 생채기로 남았다. 자존심에 시퍼렇게 멍이 들었다. 마음 한편에서는 오기가 솟았다. 그리고 속으로 이렇게 외쳤다.

'나는 반드시 프로에 가서 성공할 거야. 그래서 바로 당신! 코치님 앞에 나타나 내가 성공했으니 어서 장 지지시라고 큰 소리치고 말 거야.'

어쩌면 그 순간을 위해 더욱더 열심히 피땀 흘리며 훈련했는지 모르겠다. 남들 놀 때 숙소 지하의 트레이닝 룸에서 살다시피 했고, 남들 잘 때 방망이 한 번 더 휘두르고 남들 쉴 때 1분이라도 더 달렸다. 지금 돌아봐도 나는 내가 할 수 있는 최선을 다했다.

이후 시간이 흘러 나는 당당히 프로에 입단해 4번 타자로 활약했고, 학교를 찾아가 코치님에게 당당한 목소리로 말했다.

"그때 내게 하신 말 기억하세요?"

그랬더니 코치님은 "내가 그런 말을 했었니? 난 기억이 안 나는데……" 하며 얼버무리셨다. 이럴 수가, 예상치 못한 반응에 나는 적잖이 당황했다.

시간이 지나고 돌아보니 상투적인 칭찬보다는 혹평 한마디가 내겐 오히려 백배 도움이 되었다는 생각이 든다. 칭찬은 고래도 춤추게 한다지만 사람에 따라, 경우에 따라 이렇게 혹평 한마디가 그 사람을 키우기도 한다. 물론 무조건 상대를 깎아내려서는 안 되겠지만 말이다.

마해영 _ XTM 프로야구 해설위원입니다. 야구 칼럼니스트로도 활동하고 있습니다. 1995년 롯데 자이언츠에 입단하며 프로야구 선수 생활을 시작한 그는, 이후 삼성 라이온즈, 기아 타이거즈, LG 트윈스를 거치며 타격왕, 한국시리즈 MVP, 최다안타 1위, 골든글러브 지명타자 부문 역대 최다득표 수상 등의 기록을 세웠습니다. '프로야구 역대 최고의 오른손 타자'로 활약하던 그는 은퇴 후 야구 해설위원, 칼럼니스트로 활발한 활동을 벌이고 있습니다.《마해영의 야구본색》이란 책을 썼습니다.

부딪히면서 배워요

오소희

●

3년 전 에티오피아에서 돌아왔을 때, 나를 기다리는 메일 가운데 다음과 같은 것이 있었다.

오소희 작가님, 안녕하세요? 다름이 아니라, 저의 친척 동생이 시각장애를 가지고 있습니다. 그런데 작가님께서 쓰신 아프리카 여행기 《하쿠나 마타타 우리 같이 춤출래?》를 꼭 읽고 싶어 하네요. 시각장애우들은 점자로 나온 책 이외에는 접해 볼 수 없는 실정입니다. 혹시, 이런 친구들이 작가님의 책을 읽을 수 있도록 도움을 주실 수 있나요?

나는 답 메일을 썼다.

죄송하지만 현재 그 책이 점자책이나 읽어 주는 책으로 출판되어 있지는 않습니다.

평소 같았다면 그 정도에서 메일이 마무리되었을 것이다. 그러나 말했듯이, 그때 나는 에티오피아에서 막 돌아온 참이었다. 주머니 속 여행 수첩에는 그곳에서 만났던 사람들, 가난과 고통 속에서도 희망을 잃지 않는 사람들이 내게 선사해 준 깨달음들이 적혀 있었다. '달려. 한 뼘이라도 달릴 여지가 있다면 땀을 내 더 달려. 그리고 그 한 뼘 고스란히 나누어 가져' 같은 말들이. 그래서 선뜻 덧붙였다.

'대신 제가 가서 읽어 줄게요.'

그렇게 시작된 인연이었다. 수빈과 희원, 당시 중학교 2학년이었던 시각장애 소년들. 만나 보니, 수빈은 덩치가 크고 진중했고 희원은 작고 유쾌했다. 우리는 첫 만남에서부터 서로를 좋아했다. 나는 매 주말마다 아이들을 찾기 시작했다. 그리고 내가 구경한 저 먼 세상, 혹은 문학이나 음악에 대해서도 함께 이야기를 나누었다.

그날은 아마도 두 번째 만남이었을 것이다. 겨울이었다. 6시가 되자 교실 밖에는 벌써 어둠이 내렸다. 이제 일어나 정리를 할 시간. 해야 할 일은, 블라인드를 내리고 책걸상을 정리하고 가방을 챙기고 불을 끄는 일.

그런데 아이들의 순서는 나와 달랐다. 수빈이가 '제일 먼저' 불을 껐다. 주위가 온통 깜깜해졌다. 그 속에서 수빈이가 익숙한 동작으로 블라인드를 내렸다. 희원이도 곧장 책걸상과 소지품을 정리했다.

나는 그저 어둠 속에 서 있었다. 아이들의 꼼꼼하고 차분한 동작을 기척으로만 느끼면서. 그때까지 모르고 있었다. 교실의 형광등이 나 혼자만을 위해 켜져 있었다는 걸.

어둠 속에서 아이들의 대화와 동작은 매우 자연스럽고도 능숙했다. 일순간 나아갈 바를 모르고 어둠에 경직된 것은 나뿐이었다. 내내 이런 어둠이었겠구나. 뒤늦게 어리석은 생각

그때까지 모르고 있었다.
교실의 형광등이 나 혼자만을 위해
켜져 있었다는 걸.

이 많아진 것도 나쁨이었다.

　나는 수빈의 엄마, 희원의 엄마 모두 만나 보았다. 나 자신도 명색이 엄마인지라, 이러한 순간을 최초로 맞닥뜨렸을 그녀들의 '그 저녁'이 머릿속에 그림처럼 그려졌다. 방문을 여니, 어둠이 내린 줄 모르고 어둠에 잠긴 채 평화롭게 장난감을 만지작거리며 놀고 있는 조그만 아이. 그 아이들을 이처럼 훌륭하게 키워 내기까지 '어미'이기에 가능했을 반복과 열정…….

그녀들의 사랑과 아이들의 성과가 가슴 벅차서, 나는 머릿속 그림이 촉촉하게 마음을 적시도록 조금 더 어둠 속 움직임을 가만가만 느끼고 서 있었다.

잠시 후 아이들에게 물었다.

"너희들은 이 교실의 구석구석을 다 외웠겠구나. 그럼 새로운 공간에 가서는 어떻게 하니?"

희원이가 당연하다는 듯 대답했다.

"부딪히면서 배워요."

1, 2초간 숨이 멎었다. 아, 그것 참 멋진 말이로구나! 그때 나는 마흔이 목전이었다. 삶의 윤곽을 알아 버린 것 같았고, 그만큼 세상은 덜 흥미로웠다. 나 스스로 얼마나 모자란 존재인지를 잊었다. 그래서 지구의 머나먼 끝까지 다녀와야 절절한 교훈 하나쯤 가슴에 채워 넣을 수 있었다. 아이들이 그런 내게 가르쳤다.

'당신 바로 곁에 책상이 있어요. 부딪히면서 배워요. 배운다는 건 그런 거예요. 온몸을 내던지는 것.'

그 겨울 저녁, 알에서 깨어나듯 나는 어둠 속에서 깨어났다. 아끼지 않을 것이다. 다가올 나의 중년은 모름지기 더 부딪히고 더 배울 것이다. 어둠 속에서, 아이들 손을 잡고 긴 복도를 빠져나왔다.

오소희_ '사람'을 여행합니다. 평범한 만남에서도 삶의 이면을 들여다보고, 그 경험을 따스한 글로 전합니다. 세 돌 된 아이와 단둘이 터키로 떠난 것을 시작으로 해마다 라오스, 시리아, 탄자니아 등 우리와 다른 속도로 사는 이들 사이를 아이와 함께 느릿느릿 거닐고 있습니다. 제3세계에 청소년 도서관을 짓고 책을 보내고 있습니다. 지금까지 쓴 책으로 《바람이 우리를 데려다주겠지》 《욕망이 멈추는 곳, 라오스》《하쿠나 마타타 우리 같이 춤출래?》《엄마, 내가 행복을 줄게》《사랑바보》《나는 달랄이야! 너는?》 등이 있습니다.

한 가지 경험이 없으면
한 가지 지혜도 없다

몇 날 며칠 울기만 했다.

내가 뭘 잘못했느냐고 억울해했다. 그러다 수첩에서 이런 문구를 발견했다.

'한 가지 경험이 없으면 한 가지 지혜도 없다.'

남의 탓만 하며 괴로워하지 말고 나의 모자란 부분을 채워 보자.

그 시간 끝에 나는 캐릭터 있는 배우로 다시 태어날 수 있었다.

힘든 경험은 날 아프게 하지만, 그 경험만큼 값진 것은 세상에 또 없다.

동우야!

이동우

●

　보통 상대와 대화를 할 때 가장 먼저 내뱉는 말은 이름이다. 이야기는 거기서부터 시작된다. 하지만 나는 누군가가 나를 부르는 "동우야!"라는 말에 감사한 마음이 없었다. 지극히 당연한 일이었으므로. 그저 내가 있기에 누군가 나를 부른다고 생각했다. 나 또한 그렇게 하니까.

　그런데 건강을 잃은 후 나를 부르는 소리가 싫어졌다. 나는 점점 아무것도 보이지 않게 되었다. 세상에 돌아앉은 나는 누가 내 이름을 부르는 것이 귀찮았고, 말 거는 것이 싫었고, 뭔가 제안해 오는 것도 버거웠다.

"동우야, 밥 먹어라."

"동우야, 일어나라."

나는 듣지 않았다. 무반응의 시절이었다. '말 걸어서 어쩔 건데?' '바라는 게 뭔데?' 다분히 호전적이고 회의적이었다.

중도장애인이 되면 누구나 그리하듯 나도 재활교육을 받아야 했다. '뭘 해서 먹고살아야 할까?' 막막함에 찾은 그곳에는 나보다 더 나이가 많고, 훨씬 몸 상태가 좋지 않고, 경제적으로도 큰 어려움에 처했으며, 게다가 가족까지 없는 분들이 있었다. 그런데도 그분들은 활짝 웃으며 교육을 받고 있었다.

그때 알았다. 내가 너무 사치를 떨었음을. 그저 내 몸 하나 불편하다는 이유로 너무 아파했음을. 나는 말할 수 있고, 들을 수 있고, 손과 발도 멀쩡하다는 것을.

나는 다시 밖으로 나갔다. 일단 집을 나서니 사람들을 만나게 됐고 그들은 나를 불렀다.

"동우야!"

나를 부르는 사람들을 향해 몸을 돌렸다. 그 사람이 무슨 이야기를 하는지 귀 기울일 힘을 냈다. 거기서부터 일상은 다시 허락되었다. 본격적으로 손과 발이 움직이기 시작했다.

"동우야, 나올래?" 나는 나갔다.

"동우야, 할 말이 있는데 들어 볼래?" 듣기 시작했다.

"동우야, 나한테 이런 일이 있는데 같이 해볼래?" 함께 했다.

한두 번 부르고 한두 번 다가서는 것은 쉬운 일이다. 하지만 계속해서 아무런 반응이 없으면 상대는 손을 놓게 되어 있다. 저마다의 삶이 바쁘기 때문이다. 그러나 가족들은, 친구들은 나를 기다려 주었다. 내가 다시 힘을 낼 때까지. 결국 나를 움직이게 한 것은 예나 지금이나 "동우야!"라는 부름이다.

이제 나는 그 축복의 말을 안다.

이동우_ 1990년대 '틴틴 파이브'의 멤버로 많은 사랑을 받은 개그맨입니다. 2004년 시야가 점점 좁아져 결국 시력을 잃게 되는 '망막색소변성증' 진단을 받았고 1급 시각장애인이 되었습니다. 힘든 시간을 이겨 낸 그는, 시력이 온전할 때보다 더 많은 것을 볼 수 있게 되었습니다. 연극과 방송, 강연 등을 통해 많은 팬들과 만나고 있으며, 평화방송에서 〈오늘이 축복입니다〉를 진행 중입니다. 《5%의 기적》이란 책을 썼습니다.

아이처럼

나승연

●

어릴 적부터 나는 애늙은이 같다는 말을 참 많이 들었다. 애교도 없고, 겁도 없고, 말도 별로 없었을 뿐 아니라 유치한 장난을 치는 친구들은 무시하거나 놀려 대기 일쑤였다. 삼 남매 중 막내인 데다가 가운데 오빠와 나이 차도 네 살이나 나서 항상 애 취급을 받았는데, 지금 생각해 보면 그게 싫어서 어린 나이에도 괜히 성숙한 어른처럼 행동하려 했던 것 같다.

어린아이처럼 행동해도 되고, 그것을 통해 자유로워질 수

아이의 눈으로 바라보면,
만화경으로 들여다보던 유쾌한
세계를 다시 만난다.

있다는 것을 깨달은 건 대학 시절 연애를 하면서부터이다. 당시 남자 친구는 쉴 새 없이 유치한 애정 표현을 했고, 짓궂은 장난도 거침없이 걸었다. 동갑인데 남동생 같은 느낌이 들 정도였다. 그런데도 정말 좋았다. 그와 시간을 보내며 나도 모르게 내면의 벽이 조금씩 허물어져 내리기 시작했다. 어느 순간 그의 유치한 놀이에 즐겁게 동참하고 있는 자신을 발견하기도 했다.

그 나이에 누구나 한 번쯤 겪게 마련인 이별도 두렵지 않았다. 그냥 함께 있는 순간들을 즐기기 시작했다. 그랬더니 오히려 마음이 가벼워졌고, 그 친구에게 더 깊이 빠져들었다. 불행히도 아픈 이별을 하고 말았지만, 헤어진 후에도 나는 가끔씩 어린아이 같은 행동을 하는 자신을 발견하게 되었다. 아니, 오히려 적극적으로 동심으로 돌아가려고 노력했다. 아이 같은 행동 속에서 한없는 자유를 느꼈기 때문이다.

그 후 나는 결혼을 하고 한 아이의 엄마가 되었다. 한층 성숙해진 면도 있지만, 한편으로는 어린아이처럼 천진난만한 시선으로 상황이나 사물을 보려는 경향이 강해졌다. 아들아이의 눈을 통해 세상을 바라보면, 어린 시절 만화경으로 들여다보던 유쾌한 세계를 다시 만나는 기분이 든다. 예전에는 무심코 지나쳤던 것들이 더욱 선명하게 다가온다.

물론 나도 알고 있다. 딸기가 들어간 모든 음식은 최고라며 감탄하고, 주인공보다는 악당이 멋있다며 해맑은 표정으로 떼를 쓰는 어린 아들의 순진무구함이 영원하지 않다는 것을. 한없는 신뢰와 사랑을 담아 엄마, 아빠를 바라보는 아들의 눈빛이 언젠가는 달라질 것이라는 사실도.

그렇기에 더욱 이 소중한 시간을 한순간도 놓치지 않으려고 노력한다. 오래지 않아 자신은 더 이상 어린이가 아니라고 선언할 날이 오겠지만, 그때까지 가능한 한 아들의 눈높이에 맞춰 함께 놀며 즐기고 싶다.

평창 동계올림픽 유치가 성공적으로 끝난 뒤 새로운 사람들을 만날 기회가 많아졌다. 그때마다 최대한 예의 바르고 성숙한 어른처럼 행동하지만, 가끔은 그냥 아이처럼, 일이 좋고 사람이 좋아서 마냥 그 기분에 빠져 버릴 때도 있다. 그러면 사소한 일들은 눈에 들어오지 않는다. 나쁜 기억도 빨리 잊게 된다. 내가 조금 망가지고 유치해짐으로써 주위 사람들에게 웃음을 줄 수 있어 행복하고, 좋아하는 감정을 솔직하게 표현하는 나를 보며 기뻐해 주니 또 행복하다.

　가까운 지인들은 내게 '이상주의자'라거나 '너무 순진하다'고 말한다. 하지만 나는 세상을 좀 더 즐겁게 살아가기 위해 치열하게 노력하고 있을 뿐이다. 아이와 동화책을 읽으면서 함께 깔깔대고, 친구들과 둘러앉아 수다를 떨면서 내 안의 동심을 잃지 않고 삶의 재미를 찾아가기 위해 발버둥치고 있는 것이다. 아이처럼 겁 없이 새로운 과제와 일에 돌진해 나가면서 나 자신의 한계를 넘으려고 한다.

나승연_ 2018 평창동계올림픽 유치위원회 대변인으로 '더반의 기적'을 이루어 낸 주인공입니다. 외교관이었던 아버지를 따라 네 살 때부터 12년 동안 캐나다, 영국, 말레이시아, 덴마크 등지에서 살았습니다. 1996년부터 아리랑TV 공채 1기로서 뉴스 진행자, 기자, MC 등을 맡으며 영어 진행 능력을 쌓았고, 2002~2003년에는 월드컵 조직위원회와 여수엑스포 유치위원회에서 활동했습니다. 영어 컨설팅회사인 오라티오를 운영하고 있습니다.

조금 비겁해도 괜찮아

김태훈

●

　　　　　청춘이란 언제나 직선이다. 커브 길의 편안한 풍경 감상 따위는 존재하지 않는다. 적어도 나는 그랬다. 세상에 대해 타협하지 않는 우직함이 있었고, 덕분에 많은 상처를 얻기도 했다. 후회는 없다.

　그러나 세월이 준 지혜가 쌓이면서 깨달았다. 삶에 두 가지 진실은 없다는 맹목적인 믿음으로 인해 얼마나 많은 실수를 저질렀는지. 그땐 왜 그랬을까? 침묵은 비겁하다 생각했고, 지금 움직이지 않는 것은 기회주의라고 여겼던 것 같다. 그러나 그런 것이 아니었다. 자신이 믿는 것을 위한 헌신은 아름답다. 하지만 고고히 한 몸을 던지는 그 짜릿한 순결함에 매료된 나머지, 더 큰 가치를 너무 쉽게 포기했던 것은 아닐까?

유방(劉邦)을 도와 전국을 통일했던 한신(韓信). 그러나 한때 그는 시장의 불량배들 다리 사이를 기어야만 했던 불운한 청춘이었다. 만약 그때 작은 분노로 생사를 건 싸움을 벌였다면, 중국 역사 최고의 전략가 한신은 없었을지 모른다.

2차 세계 대전의 영웅 아이젠하워(Dwight D. Eisenhower)는 우유부단한 지도자였다. 그러나 연합군의 전세를 역전시킨 노르망디 상륙 작전만은 달랐다. 오랜 검증을 통해 자기 확신에 도달한 순간, 그는 무수한 반대에도 불구하고 상륙을 명령한다. 그 한 번의 결단을 위해 그는 그토록 수많은 양보를 했던 것이 아닐까.

100m 달리기 선수들은 그 이상을 뛰지 못한다. 눈앞의 결승점에 모든 체력을 쏟아붓기 때문이다. 그러나 삶이란 언제나 그보다는 더 멀리 가야 한다. 여러 매체들과 인터넷은 오늘도 엄청난 양의 정보들을 쏟아 내고 있다.

어제 중요하다고 생각했던 일이 오늘은 무가치해지기도 하고, 더 깊은 사유를 위해 말을 줄여야 할 일이나 이젠 진정 목소리를 높여야 할 일들이 넘쳐 난다. 하지만 좀 더 멋진 글과 논리로 꼭 필요한 순간에 손을 들려면 즉답의 형태로 자기 의견을 쏟아 내기보다 약간의 비겁함도 필요하지 않을까.

"오늘 한 얘기를 내일 바꾸지 않기 위해선 지금 조금 비겁해도 괜찮아."

김태훈_ 팝 칼럼니스트입니다. 잡지사 기자로 출발해 음반사 마케터, 프로모션 팀장, 공연 기획자, 방송작가, DJ, 기업 자문위원, 연애 칼럼니스트 등 다채로운 직업을 즐기며 살아왔습니다. KBS 2FM 〈브라보 마이 라이프〉에서 '돌아온 선수 클리닉' 코너를 통해 대중에게 이름을 알렸고, 이후 다양한 예능 프로그램에서 패널로 활약하고 있습니다. 《내일도 나를 사랑할 건가요?》《김태훈의 랜덤 워크》《김태훈의 러브 토크》등의 책을 썼습니다.

오늘은 내 남은 생의 첫날입니다

이해인

'오늘은 내 남은 생의 첫날입니다'라는 이 말을 나는 요즘도 강연 중에 자주 인용한다. 독자들이 책에 사인을 요청해도 이 구절을 많이 적어 주곤 한다.

아주 오래전 미국 로스앤젤레스에 갔을 적에 친지들이 안내하는 선물의 집에 들른 일이 있다. 거기서 조그만 크기의 북 마크를 하나 사게 되었는데 그 안에 적혀 있는 글귀가 마음에 들어서였다.

'Today is the first day of rest of your life(오늘은 그대의

남은 생의 첫날입니다).'

 그 순간 이 글이 내 마음에 어찌나 큰 울림을 주었는지! 삶에 대한 희망과 용기, 위로를 주는 멋진 메시지로 다가왔다. 그래서 평소에 늘 "오늘이 마지막인 듯이 살게 하소서!" 하던 기도를 "오늘이 내 남은 생의 첫날임을 기억하며 살게 하소서"라고 바꾸어서 하게 되었다.

 '마지막'이라는 말은 왠지 슬픔을 느끼게 하지만, '첫날'이라는 말에는 설렘과 기쁨을 주는 생명성과 긍정적인 뜻이 담겨 있어 좋다.

 오늘도 새 소리에 잠을 깨면서, 선물로 다가온 나의 첫 시간을 감사하였다. '나에게 주어진 새로운 시간, 새로운 기회를 더욱 잘 살리도록 노력해야지!' 하고 다짐하였다. 해야 할 일을 적당히 미루고 싶거나 게으름을 부리고 싶을 적엔 나 자신에게 충고한다.

'마지막'이라는 말은 슬픔이 느껴지지만, '첫날'이라는 말에는 설렘과 기쁨이 담겨 있습니다.

'한 번 간 시간은 두 번 다시 오지 않아요. 정신을 차리고 최선을 다하세요. 성실하고 겸손하게!'

불쑥 찾아오는 방문객에게 친절과 사랑을 다하기 어려울 적엔 스스로에게 이렇게 주문한다.

'이 만남이 이분과의 처음이자 마지막 만남이 될 수도 있으니 형식적이거나 기계적으로 대하지 말고 마음엔 따뜻한 사랑을 담고, 얼굴엔 환한 웃음을 보이세요.'

나 자신의 약점과 실수가 두렵고, 어떤 일로 의기소침해지거나 믿음까지 부족하여 우울해질 적엔 이렇게 상기시켜 준다.

'첫 약속을 잊었군요. 어떤 일이 있어도 실망하지 않고 꾸준히 기도하고 인내하며 힘을 얻기로 했잖아요.'

내가 다 감당하기 어려운 이런저런 심부름이 하도 많아 자꾸 불평이 나오려고 할 적엔 이렇게 권유한다.

'구슬이 서 말이라도 꿰어야만 보배라는 말을 좋아하는 사람답게, 사람들의 다양한 부탁들을 선(善)과 사랑의 구슬을 꿰는 기회라 여기고 우선 할 수 있는 것부터 열심히 해보세요. 짜증 내거나 찡그리지 말고, 이왕이면 기쁘고 감사하게 침묵하면서 말이지요.'

성당에서 기도하다가, 방에서 책을 읽다가, 정원에서 산책하다가, 객실에서 손님을 만나다가, 병원에 입원하여 치료를 받다가 문득문득 생각나는 말, 나를 다시 움직이게 하고 다시 일으켜 세우는 말, 삶이 힘들 때 충전시켜 주는 약이 되는 말.

'오늘은 내 남은 생의 첫날입니다.'

이 말이 있어 나는 행복하다. 이 말을 계속 되새김하다 보니 이런 기도가 절로 나온다.

"오늘도 싱싱한 희망의 첫 마음으로 내 남은 생의 첫날을 살게 하소서. 새로운 감탄과 경이로움을 향해 나의 삶이 깨어 흐르게 하소서."

이해인 수녀 시인입니다. 1976년 첫 시집 《민들레의 영토》를 펴낸 이래 열 권의 시집과 《꽃삽》《꽃이 지고 나면 잎이 보이듯이》 등 일곱 권의 수필집을 펴냈습니다. 그의 책은 모두가 스테디셀러로 종파를 초월하여 많은 독자의 사랑을 받았습니다. 초·중·고 교과서에도 그의 시들이 수록되어 있습니다. 여성동아대상, 새싹문학상, 부산여성문학상, 올림예술대상 가곡작시상, 천상병 시문학상 등을 수상했습니다.

한 가지 경험이 없으면
한 가지 지혜도 없다

전수경

1996년 뮤지컬 〈42번가〉는 무려 25억 원 규모의 초대형 공연이었다. 지금으로 치면 100억대가 넘는 작품인 셈이다. 당시 뮤지컬 좀 한다는 사람은 모두 이 공연의 오디션을 봤고 배역을 맡았다. 나 역시 이정화 선배와 함께 '도로시' 역할에 더블 캐스팅될 수 있었다.

외국 스태프는 오프닝 쇼를 아주 중요하게 생각한다. 그 점 때문에 그들과 처음 일하는 나는 무척 힘이 들었다. 아무리 '퍼스트' 배역이 아니라고는 하나, 공연일은 다가오는데 좀처럼 무대에서 연습할 기회를 잡지 못했다. 그래도 무슨 행운인지 힘들게 마친 배역으로 나는 한국뮤지컬대상 '여우조연상'의 영광을 차지했다. 나름의 큰 성공을 자축하며 〈42번가〉가 나의 대표작이 되겠구나, 즐거운 상상을 하면서 곧 있을 앙코르 공연을 준비하고 있었다.

공연을 한 달 남긴 어느 날 공연팀 대표가 나를 호출했다. 충격적이게도 내가 이번 공연에서 빠져야 한다는 '통보'를 해왔다. 일방적 해고였다. 앙코르 공연을 주관하는 곳은 대기업 문화사업단이라 제작비를 최대한 줄여야 했고, 더블 캐스팅은 필요 없다는 것이었다. 하지만 다른 역으로 더블 캐스팅된 남자 선배들은 공연에서 빠지지 않았다. 배우로 살면서 그런 홀대는 처음이었다.

몇 날 며칠 울기만 했다. 내가 뭘 잘못했느냐고 억울해했다. 나를 위해 항변해 주리라 기대했던 동고동락한 동료 배우들의 침묵에 분노가 생기기도 했다. 그때 우연히 내 '아이디어 수첩'을 보게 되었다. 공연에 대한 감상, 아이디어 등을 메모하고 일기도 쓰는 수첩이었는데, 그걸 보며 위로를 받을 요량이었나 보다. 그러다 수첩 아래쪽에서 이런 문구를 발견했다.

'한 가지 경험이 없으면 한 가지 지혜도 없다.'

남의 탓만 하며 괴로워하지 말고 나의 모자란 부분을 채워 보자. 나를 옥죄고 있던 '넘버 2'라는 고약한 자격지심도 넘어 보자. 그 한마디는 그때의 나를 일으켰고, 이후의 힘든 일에도 버팀목이 되었다. 그 시간 끝에 나는 캐릭터 있는 배우로 다시 태어날 수 있었다.

학생들을 가르칠 때면 화목한 가정보다 괴롭고 부끄럽고 슬픈 집안에서 자란 아이들이 연기를 더 잘한다는 걸 느낀다. 힘든 경험은 가끔 그 아이를 아프게 할지 모르지만, 나는 말해 준다. 그 경험만큼 값진 것은 세상에 또 없다고.

전수경 본업인 뮤지컬뿐 아니라 드라마와 영화를 오가며 개성 있는 연기로 사랑받고 있는 배우입니다. 1990년 뮤지컬 〈캣츠〉로 데뷔한 이래 〈웨스트사이드 스토리〉 〈사운드 오브 뮤직〉 〈그리스〉 〈시카고〉 〈맘마미아〉 등 수많은 작품에 출연하며 뮤지컬 스타 1세대로 명성을 날렸습니다. 서울종합예술전문학교 뮤지컬예술학부 교수로 학생들을 가르치고 있습니다.

나를 재는 잣대는 오로지 나 자신뿐입니다

권은정

로버트 모렐 씨를 만난 지도 벌써 10여 년이 지났다. 그를 떠올릴 때마다 모렐 씨는 조용히 내게 묻는다.

'누구의 잣대로 재고 있는가?'

그때 모렐 씨는 환갑을 맞아 학교 청소부 일을 그만두었다. 38년간 몸담았던 직장에서 정년퇴임을 하는 그에게 전국의 여러 신문이 관심을 기울였다. 그저 평범한 청소부가 아니었기 때문이다. 모렐 씨는 '투잡스'의 주인공이었다. 낮에는 초등학교 청소부로 일하고, 밤에는 학문에 정진하는 재야 학자였다. 주경야독(晝耕夜讀)은 그에게 딱 들어맞는 말이었다.

당시 런던에 살고 있던 나는 신문에 실린 기사를 읽고 바로 그가 살고 있는 노팅엄행 기차를 탔다. 직접 인터뷰를 해야겠다는 생각이 들었기 때문이다. 로빈 후드의 숨결이 느껴지는 고장, 모렐 씨의 집안은 검박했지만 따스한 분위기였다. 그는 자신의 서재를 보여 주며 이야기를 들려주었다.

"고등학교를 마칠 무렵이었어요. 대학에 가기 위해 준비를 하고 있었지요. 그런데 느닷없이 여동생이 사고를 당해 세상을 뜨고 말았어요. 그때부터 우리 가족이 무너졌어요. 병환 중이던 아버지는 그 충격으로 얼마 지나지 않아 그만 돌아가시고 말았지요. 내가 다른 도시의 대학으로 떠나고 나면 어머니 혼자 집에 계셔야 하는데 도저히 그럴 수가 없었어요. 어머니 곁을 지켜야겠다고 마음먹었지요."

청년 로버트는 잠시 아르바이트 삼아 일하고 있던 동네 초등학교 청소부 자리에 눌러앉아 버렸다. 그리고 어머니를 돌보며 젊은 날을 보냈다. 그러나 로버트는 용감하고 현명했다.

"대학에서 역사를 공부하려고 했었지요. 그런데 대학에 가지 않았다고 해서 공부를 못 할 이유가 없다는 사실을 어느 날

당신을 재는 잣대는
오로지 당신 자신뿐입니다.
소문을 믿지 마세요.

깨달았어요. 혼자서 공부하자! 그 생각이 들더군요."

그때부터 동네의 도서관, 인근의 박물관, 곳곳의 전시장을 배움의 터전으로 삼았다. 지방 역사를 공부하는 데는 더할 나위 없이 좋은 현장이었다. 아침 일찍 출근해야 하는 대신 아이들이 수업하는 낮 시간은 그에게도 공부 시간이 되었다. 로버트는 열심히 책을 파고들었다.

마침내 그의 연구 논문은 지역 학술지를 넘어 세계적인 수준의 저널에 실리게 되었다. A. J. 에이어 같은 철학자가 소문을 듣고 직접 그의 집으로 찾아가 대화를 나누었을 정도다.

"나 같은 보통 사람도 배움과 지식의 세계에 기여할 수 있다는 사실을 보여 주고 싶었는데 그것을 이루게 된 거죠. 매우 기뻤습니다."

로버트가 학자로서 명성을 쌓게 되자 주위에서는 청소 일을 그만두고 차라리 대학의 연구원 같은 자리를 알아보라고 채근했다. 그러나 그는 "새삼스레 내 자리를 바꾸고 싶은 생각은 없습니다"라고 대답했다고 한다. 정년퇴임 하는 그를 옥스퍼드 대학에서 연구원으로 초빙했지만 그것 역시 정중히 거절했다.

세상 사람들의 인정을 바라거나 자신의 능력을 자랑하고 싶은 마음이 없었는지 묻자 모렐 씨는 빙긋이 웃으며 이렇게 대답했다.

"나를 재는 잣대는 나 자신일 뿐입니다. 나를 믿으면 그런 것은 그다지 필요하지 않아요."

하고 싶은 일을 하면서 사는 인생이 진짜 인생이라고들 한다. 그 말에 기대어 살지만 나는 자주 흔들린다. 나보다 잘난 사람이 왜 그리 많은지, 내 걸음은 왜 이다지도 느리고 소용없게 느껴지는지. 그때마다 모렐 씨가 했던 말이 나를 깨운다.

'당신의 잣대는 바로 당신!'

활시위를 당기는 로빈 후드의 동상 앞에서 굳건히 서 있던 로버트 모렐. 그처럼 나도 흔들리지 않고 내 길을 가야겠다.

권은정 _ 저술가이자 전문 인터뷰어입니다. 대학과 대학원에서 영문학을 전공했고, 오랫동안 영국과 독일에서 한국 언론사의 현지 통신원을 지냈습니다. 그동안 쓴 책으로 《젠틀맨 만들기》《책으로 노래하고 영화로 사랑하다》《그 사람이 아름답다》《아름다운 왕따들》《착한 기업 이야기》 등이 있으며, 《상처 입은 관계의 치유》《타인의 아이들》《시몬느 베이유》 등 여러 권의 책을 번역했습니다.

꾸어헝 꾸어헝

박수용

"꾸어헝, 꾸—어헝."

거뭇한 줄무늬가 암벽을 돌아 나오더니 고개를 돌려 자신이 걸어온 강 상류를 향해 포효했다.

"쿠—허헝, 쿠허—헝."

작은 줄무늬 두 마리가 암벽이 그림자를 드리운 은빛 빙판에서 잘박잘박 걸어 나오며 화답했다. 털북숭이 개구쟁이들이 나타나자 강의 맥박이 빨라지고 숲의 숨결은 두근거렸다. 야생 호랑이의 포효는 통곡하듯 산 전체를 울리지만 들을 기회는 거의 없다. 자신이 드러날 위험이 없는 심심산골에서 짝을 찾거나 가족을 부를 때만 포효하기 때문이다.

어미가 길게 구불거리는 강의 하류를 바라보았다. 100m쯤 떨어진 그곳에 둔덕을 파고 들어간 나의 비트(잠복지)가 있다. 거무튀튀한 검불과 썩은 고목으로 가려져 있고 적지 않은 세월을 땅속에서 삭은 비트는 자연스레 숲에 녹아들어 시각적으로 들킬 염려는 없다. 바람도 고요와 실바람 사이에 머물고 있어, 나의 체취를 실어 나를 기류도 미약하다. 그런데도 묵은 체취를 맡은 것인지 호랑이는 이 방향에서 이상한 낌새를 찾고 있다. 눈빛이 부드러운 것으로 보아 다행히 낌새는 막연한 것 같다.

어슬렁어슬렁 어미 곁으로 다가온 남매는 느닷없이 어미를 덮쳤다. 올 테면 오라는 듯 어미는 앞발을 활짝 벌려 새끼들의 도전을 맞았다. 큰놈이 앞발로 어미의 이마를 잽 하듯 두드리자 어미는 치는 척 밀어냈고, 작은놈이 말을 타듯 엉덩이에 올라타자 어미는 돌아서며 새끼의 이마를 깨무는 척 핥았다.

어미는 새끼들과 엎치락뒤치락 뒹굴면서도 바깥세상과 가족 사이에 경계를 두었다. 바깥은 거리를 둔 냉정한 공간이었지만, 안쪽은 마음을 주고받는 온화한 공간이었다. 어미는 바깥세상을 향해 긴장을 놓지 않았고, 신중하고 조심스러웠다. 하지만 경계의 안에서 새끼는 평화로웠고 어미는 강아지처럼 순순(順順)했다. 서로를 믿고 의지하며 온전한 가족을 이루고 있었다. 보통 호랑이를 무섭고 용맹하다고만 생각하는데, 이렇게 다정한 모습이 아마도 호랑이의 일상일 것이다.

사람들은 호랑이에게서 강렬하고 자극적인 모습을 찾는다. 그런 모습을 보고 싶다면 당장이라도 내 몸을 숨긴 비트를 나서면 된다. 폭죽을 쏘아 올려도 그만이다. 그 짧은 순간의 자극을 카메라에 담아 그녀의 삶을 이해하지 못하는, 막연히 자극적인 것을 원하는 이들에게 보여 줄 수도 있다. 하지만 그것을 위해 어미가 쳐놓은 경계를 무너뜨릴 것인가? 경계 안 가족만의 공간을 산산이 부수고 평화를 깨뜨릴 것인가?

저러한 호랑이의 삶을 멀리서나마 지켜본다면, 누구라도 순수한 가족의 힘이 살아 넘치는 그 마음의 경계 안쪽을, 그곳을 에워싼 울타리를 지키고 보호해야 한다는 의무감을 느낄 것이다. 그것을 무너뜨릴 권리는 어느 누구에게도 없다는 것을 깨달을 것이다.

시베리아 오지의 한 평짜리 지하 잠복지에서 얼어붙은 주먹밥을 녹여 먹고 대소변을 해결하며 씻지도, 소리 지르지도, 불을 켜지도 못하고 6개월씩 호랑이를 기다리다 보면 차라리 독방에 갇힌 죄수가 부러워진다. 간혹 비트를 들켜 호랑이에게 습격당하기도 한다.

그런 일들이 오랫동안 기억에 남을 줄 알았다. 하지만 시간이 지날수록 힘들고 위험했던 순간은 잊히고, 숲의 가장 은밀한 곳에서 호랑이 가족이 다정하게 노닐던 모습만이 가슴에 남았다. 생명과 가족을 가르쳐 준 포효였다.

박수용 자연 다큐멘터리 감독이자 환경운동가입니다. 멸종 위기에 처한 시베리아호랑이를 20년간 추적·잠복하여 〈시베리아호랑이-3대의 죽음〉을 비롯한 많은 다큐멘터리를 만들었습니다. 이 다큐멘터리들은 프랑스 쥘 베른 영화제 관객상, 러시아 블라디보스토크 국제영화제 특별상을 수상하는 등 세계 평단의 찬사를 받았습니다. 국제환경단체 '시베리안 타이거 프로텍션 소사이어티' 한국 대표로서 멸종돼 가는 시베리아호랑이의 보호 활동을 하고 있습니다. 암호랑이 '블러드 메리' 가족의 3대를 기록한 책 《시베리아의 위대한 영혼》을 썼습니다.

니 고통이 너의 자산이다

이창동

고등학교를 졸업했을 때, 나는 참 가난하고 초라한 젊은이였다. 작가가 되고 싶었지만 대학 진학도 못 한 상태였고 가정의 불행과 극심한 생활고 때문에 기름에 빠진 날벌레처럼 출구가 없는 현실의 늪에 빠져 허우적거리고 있었다.

그러던 어느 봄날, 김원도라는 시 쓰는 선배가 나를 찾아왔다. 고등학교 시절의 내 글솜씨를 눈여겨봤다며 문학 동인을 함께 해보지 않겠느냐고 권유하는 것이었다.

그러나 나는 그의 권유를 선뜻 받아들일 수 없었다. 문학이라는 꿈을 꾸기엔 그 당시 나를 짓누르던 삶의 고통이 너무 무거웠던 것이다. 나의 절망적인 하소연을 한참 듣고 있던 그가 입을 열었다.

"니 생활의 고통이 너의 자산이야."

그의 말은 두터운 얼음장을 깨는 도끼날 같은 충격으로 다가왔다. 현실의 고통은 치욕이 아니라 나의 자산이다. 그것을 피하지 말고 껴안으며, 바로 그것에서부터 출발해야 한다.

덕분에 나는 그와 함께 '주변문학'이라는 작은 문학동아리를 만들게 되었고 소설 습작품을 쓰며 동인지를 내기도 했다. 문학을 통해 삶의 출구를 찾은 것이었다. 그리고 무엇보다 중요한 것은 내 삶의 고통을 피하지 않고 받아들일 수 있는 용기를 얻었다는 것이다.

이창동_ 영화감독이자 전 문화관광부 장관입니다. 1983년 등단해 소설가로 활동하다가 1993년 영화 〈그 섬에 가고 싶다〉에서 각본과 조감독을 맡으면서 영화계에 진출했습니다. 1996년에는 〈아름다운 청년 전태일〉로 백상예술대상 각본상을 수상했고, 1997년 〈초록물고기〉를 만들며 영화감독으로 데뷔했습니다. 〈초록물고기〉를 비롯해 〈박하사탕〉〈오아시스〉가 연달아 국내는 물론 해외에서 호평을 받으며, 세계적으로 이름을 알렸습니다. 최근에는 영화 〈시〉로 칸 국제영화제에서 각본상을 수상했습니다.

고개를 꼿꼿이 들고
허리를 곧추세우게

백경학

●

인생은 만남의 연속이다. 사람 만나는 것이 직업인 '기자'를 10여 년 했으니 매일 수많은 사람을 만나야 하는 정치인 못지않게 나도 여러 사람을 만난 셈이다. 현직 대통령부터 외딴 섬에서 이름 없이 살아가는 어부에 이르기까지 만난 사람도 다양했다. 민주당을 취재할 때는 매일 새벽 김대중 총재의 동교동 자택을 찾아 식객 노릇을 했고, 삼풍백화점이 무너졌을 땐 생존자 확인을 위해 일주일 넘게 노숙하기도 했다. 통성명도 없이 스쳐 지나갔거나 만나지 않았더라면 좋았을 만남도 있지만, 여운이 평생 이어지는 아름다운 만남도 있다.

1980년대 초, 대학은 쿠데타에 성공한 신군부의 억압과 통제 속에 신음하고 있었다. 교정에서는 연일 민주화 시위가 벌어졌다. 시위를 주도했던 선배와 친구들은 하나둘 사라져 갔고, 더 많은 사람들은 강제 징집되거나 고통을 견디다 못해 스스로 군대에 들어갔다. 하늘은 푸르렀지만 세상은 온통 잿빛이었다.

'생각의 감옥'에 갇혀 생활하던 여름날, 도서관으로 친구들이 찾아왔다. 함석헌 옹을 찾아뵙자는 것이었다. 선생님은 군부 독재의 종식을 위해 실천적인 민주화 운동을 부르짖고 있었다.

쌍문동 버스 종점에 내린 우리는 물어물어 함석헌 옹 댁을 찾았다. 꼬불꼬불한 골목을 돌아 도착한 곳은 단아한 기와집이었다. 30도가 넘는 무더운 날씨였지만 선생님은 예의 한복 차림이었다. 긴 백발과 하얀 수염이 도인처럼 보였다. 여든 살에 가까운 노인이었지만 눈빛만은 형형하게 빛났다.

세상 고뇌를 짊어진 우리는 앉기가 무섭게 질문을 쏟아 냈다. 어디서 그런 용기가 났는지 내가 먼저 말문을 열었다.

"우리 사회가 어디로 나아가고 있습니까. 이런 상황에서 저희가 할 일은 무엇입니까."

지금 생각하니 참 당돌한 질문이었다. 함석헌 옹은 침묵에 잠기더니 한참 천장을 바라보셨다. 잠시 후 낮은 목소리로 말씀하셨다.

"자네 이름이 뭔가. 무엇을 하기에 앞서 자네 자세부터 고치게. 고개를 꼿꼿이 들고 허리를 곧추세우게. 자세를 바르게 하고 문제를 풀려고 노력하게. 바른 자세에서 바른 생각이 나오는 것이네!"

그 말씀 이후 선생님과 두 시간이 넘게 대화를 했지만, 무슨 이야기를 나누었는지 거짓말처럼 하나도 기억나지 않는다. 다만 '바른 자세로 바른 생각을 하라'는 말씀만 가슴에 남았다. 이후 함석헌 옹을 직접 뵐 기회는 없었지만 그 말씀은 내 삶의 좌표가 됐다.

구소련 쿠데타 때 종군기자로 파견돼 모스크바 시내에 포탄이 날아드는 내전 상황을 취재할 때, 백담사에 은둔했던 전두환 전 대통령을 취재하기 위해 영하 20도의 추위 속에서

벌벌 떨 때, 푸르메재단의 모기업이 된 국내 최초의 하우스맥주 공장 '옥토버훼스트'의 인허가를 받기 위해 관공서를 뛰어다닐 때, 어린이 재활병원의 기금 마련을 위해 사람을 만나러 갔다가 빈손으로 돌아섰을 때…… 너무 힘들어 모든 것을 포기하고 싶었다.

그때마다 "고개를 꼿꼿이 들고 허리를 곧추세우게" 하신 함석헌 옹의 말씀이 내 머리를 때렸다. 비틀거리고 넘어지려는 고비마다 이 말을 떠올리며 벌떡벌떡 다시 일어날 수 있었다.

지금도 함석헌 옹과의 만남은 내 인생에 진한 향기로 남아 있다. 나 또한 죽기 전에 단 한 번이라도 다른 사람에게 진한 감동을 줄 수 있기를 기도해 본다.

백경학 _ CBS, 한겨레신문사, 동아일보사의 기자로 일했습니다. 독일 뮌헨대학 연수 중 영국을 여행하다 아내가 교통사고를 당했습니다. 영국과 독일 재활병원에서 치료한 뒤 귀국했는데, 한국 재활병원의 열악한 현실에 큰 충격을 받은 그는 기자 생활을 접고 환자를 가족처럼 돌보는 재활전문병원 설립에 뛰어들었습니다. 2005년 푸르메재단 설립 후 상임이사로 자리를 옮겼고, 어린이전문 재활병원 설립을 목표로 오늘도 열심히 뛰고 있습니다.

일하는 손이 제일 좋더라

김호기

원래 나는 바이올린 연주자였다. 손을 아끼느라 험한 일은 될 수 있는 한 피했고, 그래서 손만큼은 귀티가 난다고 생각했다. 상대를 볼 때도 당연히 처음 눈길이 향하는 곳은 손이었다. 그런데 큰일을 당한 후 20년이 넘는 연주 인생을 뒤로 하고 삶의 방향을 완전히 틀어야만 했다.

새롭게 시작한 일은 악기를 만드는 일이었다. 목수의 노동과 다를 바 없는 바이올린 제작을 하는 동안 손에 상처가 생기지 않는 날이 없었다. 이탈리아에서 그런 수련의 시간을 끝

각양각색의 아름다운 손 중에도,
노동의 땀이 배어 있는
손이 제일 좋더라.

내고 한국에 돌아온 어느 날이었다. 버스에 올라 손잡이를 잡고 서 있는데, 바로 뒷좌석에 앉은 아저씨가 내 손을 뚫어져라 쳐다보고 또 내 얼굴을 바라보기를 반복했다. 도대체 왜 저러나 싶어 무심코 내 손을 보았던 나는 충격을 받았다.

일한다고 미처 돌보지 못한 손은 손톱 밑에 까맣게 때가 끼어 있었고 주름지고 투박하며 거칠었다. 8년 동안 오로지 바이올린 제작에만 몰두하느라 손이 그렇게 망가져 가고 있다는 것을 전혀 눈치채지 못했던 것이다. 나는 가족들이랑 밥을 먹으며 속상한 듯이 그 이야기를 꺼내 놓았다. 그런데 바이올린 연주자인 오빠가 뜻밖의 이야기를 들려주었다.

한국 외교관이 한 독일 장관의 초대에 응해 자택을 방문했는데, 정원의 꽃들이 그렇게 예쁠 수가 없고 뒤뜰의 채소들도 탐스럽기 그지없었다고 한다. 집 안에 들어서자 품위 있게 차려입은 장관 부인이 반가이 맞아 주며 그에게 악수를 청했다. 그런데 외모와 달리 그녀의 손은 모래알같이 까칠까칠했으며 철갑을 입힌 듯 단단했단다. 순간 그 외교관은 부끄러움에 자신의 손을 뒤로 숨겼다고 한다.

"각양각색의 아름다운 손 중에도, 나는 노동의 땀이 배어 있는 일하는 손이 제일 좋더라."

오빠의 말은 내게 진정한 아름다움을 깨닫게 해주었다. '귀티'가 아닌 '일한 티'가 나는 손이 진정 아름다운 손이라는 것을.

김호기_ 현악기를 만드는 마에스트라입니다. 부산시립교향악단에서 바이올리니스트로 활동하던 중 갑자기 왼손가락에 마비 증상이 찾아왔습니다. 더 이상 연주자로 활동하기 어렵다는 사실을 깨달은 그녀는 바이올린 제작자가 되기 위해 서른둘에 이탈리아로 떠났습니다. 그리고 6년 만에 나이와 언어의 장벽을 뚫고 최고 권위의 스트라디바리 국제 현악기 제작학교를 졸업하며 마에스트라 자격을 획득했습니다. 좌절을 딛고 꿈을 향해 걸어온 이야기를 담아 《내 인생, 안단테 칸타빌레》라는 책을 썼습니다.

타인의 칭찬을 부끄럽게 받아들일 줄 알라

박상우

내가 작가로 등단한 건 1988년 가을이었다. 이십 대가 막을 내리고 삼십 대가 막을 올리던 무렵이었다. 당선 통지서를 받고 두 달쯤 지난 뒤에 시상식이 있었다. 계간지 겨울호에 당선작이 실리고, 주변 사람들에게 작품이 무척 감동적이었다는 말을 여러 차례 들었다. 한없이 기쁜 마음으로 그들의 품평을 받아들였지만, 계간지에 실린 작품에 몇 군데 오자가 있고 한 단락이 누락된 것이 나는 무척이나 불만스러웠다.

시상식이 끝나고 여러 명의 문인들과 함께 뒤풀이를 할 때였다. 가장 안쪽 자리에 앉아 계시던 은발의 원로작가 한 분이 맥주병과 잔을 들고 몸소 내가 앉은 구석 자리까지 오셨다. 잔을 권하며 "자네 작품 아주 잘 읽었네!"라고 말씀하셨다. 나는 잔을 받으며 무심결에 이렇게 말했다.

"그거 오자도 많고 한 단락이 누락되기도 해서 저는 영 불만이 많은데요."

그러자 나무라는 듯한 눈빛으로 나를 보며 그분이 말씀하셨다.

"남이 칭찬을 하면 무조건 '부끄럽습니다' 하고 말하게. 어느 누구든 오만해지라고 칭찬을 하는 건 아닐 테니까 말일세."

젊은 날의 나는 문학에 대한 패기로 충만해 있었다. 문학에 모든 것을 거는 삶을 지향했고, 적당히 타협하려는 태도를 경멸했다. 그래서 마음에 고통도 많고 고뇌도 많았다. 하지만 문학에 대한 숭앙심은 좀체 스러지지 않고 나를 끈덕지게 물고 늘어졌다. 문학적인 슬럼프에 이어 육체적인 질병이 찾아온 뒤에야 나는 뭔가 단단히 잘못되었다는 것을 깨칠 수 있었다.

작가가 되고 10년이 지나, 〈내 마음의 옥탑방〉으로 이상문학상을 받은 직후부터 나는 잠수를 시작했다. 절필이 아니라 작가로서 두 번째 인생을 준비하기 위한 충전의 시간이었다. 10년 동안 나는 글을 쓰는 대신 문학 외의 공부를 하고, 강산을 떠돌며 심신을 비우는 수련의 시간을 보냈다.

그 과정에서 살아온 길을 돌아보며 나의 무지와 편견, 아집과 집착을 곱씹지 않을 수 없었다. 등단 직후에 만났던 원로작가의 꾸짖음이 무시로 되살아나 귓전을 후려쳤다. 그때마다 나는 앉으나 서나 무조건 "부끄럽습니다, 부끄럽습니다, 부끄럽습니다"라는 말을 염불처럼 읊조리곤 했다.

다시 활동을 재개한 요즘, 나는 작가로서 이를 데 없이 행복한 나날을 살고 있다. 글에 대한 어리석은 욕망을 벗어던지고 문학을 내 운명의 1%, 인생을 개간하는 소중한 도구로 수용한 덕분이다. 문학은 '하는 게 아니라 사는 것'이라는 인식이 찾아옴으로써 비로소 넘치는 마음의 풍요를 누리고 있다.

철없던 등단 무렵에 나를 후려친 원로작가의 말씀은 지금 되새겨 보아도 등골이 서늘해진다. 그분의 말씀은 작가 생활 내내 중요한 정신적 밑거름 역할을 해주었다. 그 문장을 여기

옮기고, 그것이 죽는 날까지 변치 않을 내 인생의 좌우명임을 맹세하는 것으로 이 글을 맺고자 한다.

   소설가는 지상의 어느 누구보다도 겸손해야 한다. 매 순간 자신의 결핍을 인정하고 어떤 경우에든 완성을 시인해서는 안 된다. 작품으로건 인간으로건 그것은 마찬가지이다. 완성을 시인하는 바로 그 순간, 영원한 미완의 세계로 자신도 모르게 추락하기 때문이다. 우주 삼라만상이 모두 하나로 연결되어 있는데 어떻게 '나'를 특별한 존재로 내세우고 자랑삼을 수 있단 말인가.

박상우_ 소설가입니다. 1988년 문예중앙 신인문학상에 중편소설 〈스러지지 않는 빛〉이 당선돼 작품 활동을 시작했으며, 시대와 개인의 아픔을 감싸 안은 작품 세계를 일관된 궤적으로 심화시켜 왔습니다. 1999년 〈내 마음의 옥탑방〉으로 이상문학상을, 2009년 〈인형의 마을〉로 동리문학상을 수상했습니다. 작가가 되기 위해 방황하는 이들에게 도움이 되고자 소설 창작 커뮤니티 '소행성B612'(www.star612.com)에서 강의하며 많은 작가를 배출하였습니다.

누가 뭐라든 너는 너일 뿐

은진슬

누구에게나 고등학교 시절은 매일이 대학 입학이라는 결승점을 향한 치열한 고군분투의 시간으로 기억될 것이다. 더욱이 시각장애인으로, 졸업 후 대부분이 취업을 하는 특수 학교에 다니면서 대학 진학을 준비했던, 그것도 평범한 인문계 대학이 아닌 음대에 가려 했던 나는 더욱 힘든 시간을 보내야 했다.

나는 그 안에서 철저히 한 명의 소수자였다. 사람들은 나에게 이렇게 말했다.

남과 다르다는 이유로
손가락질당해도 상처받지 말아요.
당신은 당신일 뿐.

"악보도 못 보는 시각장애인이 무슨 피아노를 치냐?"

"대학을 가더라도 특수교육학과나 사회복지학과를 가지 왜 음대를 가려고 하니."

그날도 어떤 선생님에게 그런 류의 이야기를 들은 날이었다. 늘 듣는 얘기니 무시하려 애썼다. 살짝 의기소침해지려는 마음을 다잡으며 레슨을 가고 있는데, 버스 안에서 갑자기 '오! 나는 이방인, 뉴욕 속의 합법적 이방인이죠. 누가 뭐라든 당신은 당신일 뿐. (…) 나는 뉴욕에 사는 영국인이랍니다'라는 노래 가사가 들렸다.

그 노래는 바로 스팅(Sting)의 〈잉글리시맨 인 뉴욕(Englishman in New York)〉이었다. 이 노래에서 스팅은 아메리카노 대신 홍차를 마시고 걸을 때는 항상 신사로서 지팡이를 들고 다니며 억양에 영국 악센트가 있는, 뉴욕에 사는 영국인에 대해 이야기하고 있다. 가장 미국적인 도시에 살며 스스로 '뉴욕 속의 합법적 이방인'이라 말하는 영국인의 존재는 매우 이질적으로 여겨졌을지 모를 일이다.

우리나라에서 외국인이나 장애인처럼

'보편성'에서 벗어난 부류에 속해 살아 본 사람들은 '다름'에 대한 따가운 눈길과 거부 반응에 상처받은 경험이 한두 번쯤 있을 것이다. 두 발로 걸을 수 있어야 '맞는' 거고 목발이나 휠체어를 사용하는 건 '틀린' 거다. 어느 외국인의 말마따나 한국에서는 프렌치프라이를 케첩에 찍어 먹어야 '맞는' 거고 마요네즈에 찍어 먹으면 '틀린' 거다.

그러한 맥락에서 보면 특수 학교에 다니는 시각장애인은 안마사가 되거나, 대학을 가더라도 특수교육학과나 사회복지학과에 가는 것이 '맞는' 것이고, 피아노를 전공하고 음대에 가는 것은 '틀린' 거였다. 나 역시 이 노래 속 뉴욕에 사는 영국인처럼 특수 학교의 이방인이었던 것이다.

장애나 다른 사람들과는 조금 다른 선택 때문에 어려서부터 외로운 이방인으로 살아야 했던 나에게 '누가 뭐라든 당신은 당신일 뿐(Be yourself no matter what they say)'이라는 가사는, 다른 사람들은 안 그러는데 너만 왜 그러느냐고 말하는 사람들 속에서 소신을 지키며 당찬 아웃사이더이자 이방인으로 살아갈 수 있도록 용기를 북돋아 주었다.

남과 다른 생각, 다른 결정, 다른 행동을 한다는 이유로 딴

죽을 걸고 거부하는 누군가 때문에 마음 상하고 외로운 어느 날, 당신도 스팅의 속삭임에 귀 기울여 보라. 누가 뭐라고 하든 너는 너일 뿐이야!

은진슬_ 인큐베이터에서의 산소 과다공급에 의한 미숙아망막증으로 장애를 갖게 되었습니다. 연세대 기악과에서 피아노를 전공했지만 졸업 직전 눈이 잘 보이지 않아 생긴 사고로 발목 인대 손상을 입어, 전문 피아니스트의 꿈을 접어야 했습니다. 아버지의 갑작스러운 죽음까지 겹쳐 그 충격으로 극심한 우울증에 걸려 자살 시도도 했었지만, 이를 극복하고 미국으로 건너가 애리조나 주립대에서 사회복지정책 석사 과정을 밟았습니다. 에세이집 《괜찮아, 아무렇지도 않아》를 썼으며, 현재 장애 문제 및 음악 관련 전문 번역과 글쓰기에 전념하고 있습니다.

아님 말고

때론 실패해서 진짜 '아님 말고'가 되기도 했다.

하지만 지금도 '아님 말고'는 새로운 일을 시작하거나 아리송한 결정을
내려야 할 때 매우 유효한 주문이다.
세상만사 죽고 사는 것이 아니라면 특별히 심각할 것도,
무거울 것도 없는 것 같다. 일단 해보고, 해보면서 더러는 깨져 보고,
깨져 보면서 때로는 후회도 해보고, 그렇게 움직일 때 느낌표도,
마침표도 나오는 것이 인생이라 믿는다.

내 운명은 내가 결정한다

성석제

'가지 잡고 나무에 오르는 것은 기이한 것이 아니나, 벼랑에 매달려 잡은 손을 놓는 것이 가히 장부로다(得樹攀枝無足奇, 縣崖撒手丈夫兒).'

이 구절을 처음 대한 것은 내 나이 열두 살 때였다. 집 안에 돌아다니던 책 가운데 구한말의 드라마틱하고 복잡다단한 풍경을 담은 두툼한 소설이 있었는데, 제목이 '대한백년(大韓百年)'인가 그랬다.

소설 뒷부분에 백범 김구가 스물한 살 때(1896년) 황해도 안악군 치하포에서 일본 육군 중위 쓰치다를 죽이는 장면이 나온다. 거사를 치르기 전 백범이 머릿속에 떠올리는 문장이 바로 이것이다.

이 말을 한 사람은 어린 시절 백범을 가르친 무명의 유학자 고능선(高能善)이었다. 《백범일지》를 보면 고능선이 백범의 우유부단함, 곧 과단성이 부족한 것을 염려하여 '항상 무슨 일이나 밝히 보고 잘 판단하여 놓고도 실행의 첫 출발점이 되는 과단성이 없으면 다 쓸데없다'는 말을 하면서 이 구절을 힘있게 설명하였다는 이야기가 나와 있다.

나뭇가지를 잡아 가며 벼랑 꼭대기로 올라가는 사람은 많다. 그런데 벼랑 끝에서 하필 나뭇가지 하나에 아슬아슬하게 매달리는 상황을 맞이했다고 하자.

이럴 때 과단성이 없는 사람은 구차하게 대롱대롱 가지에 매달려 힘이 다 빠질 때까지 비명이나 지르고 있다가 결국은 떨어져 죽고 말 것이다.

차라리 스스로의 결단으로 손을 탁 놓아 버리는 건 어떠냐는 것이다. 내 운명은 내가 결정한다는 능동적 사고다. 그것이

때로 '사즉생(死卽生)', 곧 죽으려 하니 살아나는 기적을 만들어 낼 수 있다.

이 구절을 처음 대한 이후 나는 복잡다단한 사춘기와 청년기를 지나면서 '현애철수(縣崖撤手, 벼랑에 매달려 잡은 손을 놓다)'의 경우를 수십 번은 만났고, 그때마다 이 구절이 가슴과 뇌리에 깊이 새겨지게 되었다.

실제로 북한산의 벼랑에 혼자 매달린 적이 있었는데 죽을 각오로 손을 놓고 뛰었다가 살아나기도 했다. 이성과 논리보다는 직관, 무의식이 총력을 다해 나를 살려 놓았다. 그러고 난 뒤에는 커피 잔을 들어 올리기 힘들 정도로 손이 떨린다는 것을 알게 되었다.

서른다섯 살 무렵 내 생에 첫 번째로 쓰게 된 단편소설 〈내 인생의 마지막 4.5초〉에 이 구절을 '기념'으로 집어넣었다. 어머니의 장례식 때문에 고향에 돌아온 깡패가 어린 시절의 친구들 앞에서 이렇게 말한다.

"사나이라면 천 길 낭떠러지에서 소나무에 대롱대롱 매달렸을 때 손을 탁 놔버리는 거야."

친구들은 입을 모아 대답했다.

"웃기고 자빠졌네."

이 대답에서 또 무엇을 시작해 볼 수는 없을까.

성석제_ 우리 시대의 이야기꾼이라 평가받는 소설가입니다. 1986년《문학사상》시 부문 신인상을 받으며 등단했고, 1994년 소설집《그곳에는 어처구니들이 산다》를 내면서 소설을 쓰기 시작했습니다. 소설집으로《내 인생의 마지막 4.5초》《재미나는 인생》《번쩍하는 황홀한 순간》《홀림》《황만근은 이렇게 말했다》《인간적이다》등이, 장편소설로《아름다운 날들》《도망자 이치도》《인간의 힘》등이 있습니다. 산문집으로는《즐겁게 춤을 추다가》《소풍》《유쾌한 발견》등을 냈습니다.

너 나중에 영화감독 해라

곽경택

●

나는 의사인 아버지의 뒤를 잇겠다는 각오로 재수까지 해서 부산의 한 의과대학에 들어갔다. 그 때문에 이십 대 초반에는 군대에 가면 장교인 군의관으로 복무할 거라고만 상상했다. 하지만 나는 본격적인 의학 공부가 시작되는 본과 1학년을 끝내기도 전에 학교를 뛰쳐나왔다. 지긋지긋한 암기 위주의 공부가 싫기도 했지만, 평생 좁은 진료실에서 아픈 환자만 보며 살아야 하는 미래가 끔찍하게 느껴졌기 때문이었다.

그와 동시에 장교로서의 내 모습도 날아갔다. 나는 병무청 신체검사에서 3급 판정을 받았고, 결국 장교는 물론 일반 사병들한테도 치이는 '방위병' 신세가 되어 부산 서면에 있는 한 헌병 부대에 배속받았다. 이발병이 되어 부대 이발소 거울 앞에 선 내 모습을 보자 기분이 묘했다. 비록 손에는 청진기 대신 이발기를 들었지만 결국 흰 가운을 입고 군대 생활을 하게 된 것이었다.

부대 내에서 보직은 '깎새'였지만 장교 식당 설거지와 대장이 보신용으로 키우는 닭들 모이 주기, 부대 행사 때 사진 찍기, 위생차가 오면 화장실 똥 치우기, 영창 정문에서 보초 서기 등이 모두 내 임무였다. 부대의 오만 잡일을 다하는 소위 '방위잡병' 신세로 전락한 것이다.

원래 사람은 환경에 잘 적응하는 것인지, 서글프게도 그런 임무에 익숙해질수록 '장교 곽경택'의 모습은 내 머릿속에서 희미해져 갔다.

그렇게 멍청이가 되어 가고 있을 때, 우리 부대의 방위병 고참인 '경리계'를 만났다. 나보다 몇 달 먼저 입대한 그는 서울대 국문과를 나와 미학과 대학원까지 졸업하는 바람에 늦게 군대에 와서 이미 나이가 서른 가까이 됐었다. 이름은 '강헌'이라고 했다. 사회에 있을 때 '장산곶매'라는 단체에서 독립영화 만드는 일을 해서인지 어딘지 모르게 '먹물' 냄새가 많이 났다. 그는 경리 업무 틈틈이 대장실로 불려가 주로 '바둑 사역'을 하며 지냈다.

언제부터인가 퇴근 이후의 시간을 그와 함께 보내기 시작했다. 우리는 주로 시장통에서 소주나 막걸리에 싸구려 닭튀김을 먹으며 엄청 진지하게 인생의 개똥철학을 논하곤 했다. 그러다 보니 어느덧 그의 먹물이 내게도 튀기 시작했다.

내가 만든 영화들을 보면
고개를 끄덕여 주는 사람들을
보면 심장이 뛰었다.

나는 여태껏 살아오면서 별로 고민하지 않았던 것들에 대한 이야기를 들으며 신기해했고, 그도 보잘것없는 내 이야기를 열심히 들어주었다. 그야말로 지옥에서 동지를 만난 기분이었다. 늘 함께 살다시피 하니 비밀스러운 성적 취향이나 서로의 가족에 대해서도 알게 되었다.

하루는 영창 근무를 서고 있는데, 털레털레 그가 걸어왔다. 그날도 우리는 퇴근하면 어디에 가서 한잔할 것인지 작전을 짜던 중이었다.

그런데 그가 느닷없이 불쑥 이런 말을 했다.

"야, 너 나중에 영화감독 해라."

이게 무슨 뜬금없는 소리인가 싶어 어리둥절해하던 내가 말했다.

"나 그런 거 잘 몰라요. 그냥 유학 다녀오면 광고 회사 들어갈 건데."

"아니, 내가 보기엔 넌 이야기꾼의 자질이 있어. 한번 잘 생각해 봐."

그로부터 7년 후, 그의 예언대로 나는 〈억수탕〉으로 영화감독이 되었다.

사실 방위병 생활을 마치고 미국으로 유학을 갈 때만 해도, 광고 영상을 찍는 CF 일을 하거나 당시 한국에 붐처럼 생겨났던 케이블 방송국에 취직할 셈이었다. 뉴욕대 영화연출과에 들어갔던 이유도 프로덕션 공부를 하기 위해서였다. 나중에 방송국 PD가 되든, CF 감독이나 뮤직비디오 감독이 되든 영상 제작의 기본적인 지식을 쌓아야 했기 때문이다.

하지만 시간이 흐르고 졸업이 가까워질수록 나는 어느덧 영화감독의 꿈을 키워 가고 있었다. 내가 만든 단편영화들을 보며 고개를 끄덕여 주고 공감해 주는 사람들을 보면 심장이 뛰었다. 의과대학 시절에는 그렇게도 하기 싫었던 밤샘이지만, 편집기 앞에 앉으면 날이 새는 줄도 모르고 신 나게 작업했다.

'경리계' 강헌은 지금은 유명한 대중음악 평론가가 되어 있다. 심심찮게 TV에도 나오고 여기저기 강연도 많이 다닌다. 그는 또다시 어느 날엔가 불쑥 말했다. 우리의 이야기를 영화로 한번 만들어야 하지 않겠느냐고.

얼마 전 개봉한 나의 열 번째 영화 〈미운 오리 새끼〉는 그렇게 탄생하였다. 내게 꿈을 심어 주었던 그와 함께 기획한 이 영화에는, 우리가 그랬듯이 온갖 잡일을 도맡아 하는 '육방(6개월 방위)'의 이야기가 나온다.

곽경택_ 영화 〈친구〉로 우리에게 친숙한 감독입니다. 뉴욕대 영화연출과를 졸업한 그는 1995년 서울단편영화제에서 〈영창 이야기〉로 우수상을 받으면서 영화계에 진출했습니다. 장편 데뷔작 〈억수탕〉은 이색적인 소재와 공격적인 연출로 호평을 받았고, 이후 〈챔피언〉〈똥개〉〈태풍〉〈사랑〉〈눈에는 눈 이에는 이〉〈통증〉〈미운 오리 새끼〉 등을 잇달아 내놓으며 대한민국을 대표하는 감독 중 한 사람으로 자리 잡았습니다.

기적은 현재가 있어야 온다

김태원

　　　　　사람은 절벽에 매달리거나, 구렁텅이에 빠지거나, 물에 빠졌을 때 아무도 발견하지 못하는 상황을 겪지 않고서는 거듭날 수 없다.

　학창 시절, 나는 정말 희망 없는 청년이었다. 성적은 바닥이었고, 밤새 기타를 치고 낮에는 잠만 잤다. 그렇게 하고 싶은 것 다 하면서 나 편한 대로만 살았다. 그러나 졸업 후, 내 인생에 많은 사건이 일어나면서 조금씩 변하기 시작했다.

　1985년 〈희야〉로 가요계를 평정했다. 하지만 2년 후 부활

2집을 발표하고 대마초 사건에 연루되어 구속됐다. 출소하자 아무도 나를 쳐다보지 않았다. 처절한 외로움 속에 절망에 빠진 나는 술에 취해 길거리에서 잠을 자기도 하고 폐인처럼 살았다. 그렇게 시작된 두 번의 감옥살이와 한 번의 정신병원 입원, 두 번의 건강 악화 선고, 그리고 이어진 후배들의 배반······.

당시에는 죽을 만큼 힘들었지만 언제나 날 믿어 준 아내와 사랑하는 가족이 있었기에 나는 이겨 낼 수 있었다. 그리고 그 사건들을 겪어 내며 새롭게 거듭났다. 이제는 감히 말할 수 있다. 실수투성이에 어리석고 못난 내 모습도 모두 나의 일부이며, 한심하고 절망스러운 과거도 모두 나의 인생이라는 것을. 그 모든 것이 지금의 나를 만든 것이라고.

한겨울 밤 뼛속까지 파고드는 추위 속에서 군고구마를 파는 아저씨가 있다고 생각해 보자. 힘들게 고구마를 팔고 집에 들어가는 길, 골목길을 지나던 그는 불빛이 환하게 새어 나오는 창 너머로 식탁에 둘러앉아 오붓하게 저녁을 먹는 한 가족의 모습을 본다.

현실 속 그는 집으로 돌아가 차디찬 골방에 누워 아내를 꼭

아무리 못마땅한 현실이라도 사랑해야 해. 기적은 현재가 있어야 일어나는 거야.

끌어안고 자야 하지만, 그래도 상상해야 한다. 따뜻하고 단란한 가족의 모습을…….

지금 고통에 빠져 괴로워하는 사람들이 이 순간을 더 나은 미래를 위한 거름이라고 생각하길 바란다. 현실이 아무리 못마땅해도 그 현실을 사랑해야 미래가 있다. 그리고 기적은 현재가 있어야 일어난다.

김태원_ 서정적인 록(Rock) 음악으로 대중의 사랑을 받아 온 '부활'의 리더이자 우리나라 3대 기타리스트 중의 한 사람입니다. KBS 주말 예능 프로그램 〈남자의 자격〉에 출연하며 '국민 할매'라는 별명을 얻었습니다. 〈희야〉〈마지막 콘서트〉〈네버엔딩 스토리〉 등 애틋한 가사에 서정적인 멜로디를 담은 수많은 곡을 썼습니다. 얼마 전 13집 앨범 발매를 기념한 전국 투어 콘서트를 마쳤습니다.

아님 말고

윤용인

뒤늦게 배운 테니스 구력이 어언 2년이다. 어디 가면 엄마 '찌찌' 좀 더 먹고 오라고 코웃음 치며 타박하겠지만 2년 없는 당신의 10년이 어디 있겠느냐는 것이 내 생각이다.

몇 주 전 일요일 저녁, 강아지의 명랑 쾌변을 도모하기 위해 녀석을 끌고 아파트 주변을 산책하던 중, 탕탕 경쾌한 공 소리를 듣고 홀린 듯이 단지 안의 테니스장에 들어갔다. 열 명쯤 되는 중년 아저씨들이 하나뿐인 코트에서 열심히 운동

중이었고 모든 시선은 개장수도 아니면서 개를 끌고 온 나에게로 향했다.

아파트 테니스 동우회의 텃세가 워낙 세고, 실력이 없으면 무시를 당한다는 등의 이야기는 익히 들어 잘 알고 있었지만 싹 무시하고 나는 그곳을 찾았다. 왜냐하면 베란다에서 그곳을 볼 때마다 불과 집에서 3분 거리의 테니스장을 놔두고 왜 주말이면 한 시간이나 걸리는 곳까지 운동하러 가야 하나 고민했기 때문이다.

그러니까 그곳에서 나를 회원으로 받아 주면 내 고민은 해결되는 것이고, 아님 마는 것이었다. 그러므로 일단은 부딪쳐 보자는 것이 내 생각이었다.

결과는? 아저씨들이 보내는 노골적인 견제의 시선 한가운데서 허우적거리며 연습 공을 치다가 본 게임 한번 못 해보고 오디션에서 땡하고 탈락하고 말았다. 은근히 자존심이 상했다.

하지만 "당신들이 윔블던에 나갈 것도 아니면서 무슨 유세냐?"고 혼잣말 한 번 뱉는 것으로 상처는 아물었다. 그 대신 마음속 숙제였던 '집 앞 코트 알아보기' 미션은 완료했다.

지금부터 15년 전쯤, 지하철 2호선에서 생판 한 번도 본 적이 없었던 한 사람을, 단지 나 혼자 그를 알고 있다는 이유로 따라 내린 적이 있었다.

그 사람을 근처 카페로 끌고 가 장장 네 시간 동안 수다를 진하게 떨었다. '인터넷 패러디 신문'이라는 듣도 보도 못한 웃긴 신문으로 한창 매스컴에 얼굴을 내밀고 있던 김어준 총수는 내가 생각하는 즐거운 사업 이야기를 듣더니 이렇게 말했다.

"그럼 저랑 신 나게 놀아 보죠. 잘되면 좋은 거고, 아님 말구요. 어쨌거나 잘 놀았으니 좋은 거잖아요."

경박함보다는 경쾌함이, 무책임함보다는 자유로움이 느껴졌기에 나는 실제로 그렇게 했다. 그러니까 애 둘 딸린 유부남이 하루아침에 멀쩡히 다니던 직장을 그만두고 전혀 새로운 일을 하게 된 것은, 지하철에서 만난 한 남자의 '아님 말고'라는 말 한마디 때문이었던 것이다.

그와 본격적으로 한배를 타면서 딴지일보를 만들어 갈 때도 그는 종종 내 방에 와서 신 나게 말했다.

"이사님, 이거 한번 해보자고요. 재밌을 것 같잖아요. 아님 마는 거구요. 껄껄껄."

실제 우리는 여러 가지 엽기적인 사업과 이벤트를 만들어 냈고 과정은 열정적이었으며 더러는 실패해서 진짜 '아님 말고'가 되기도 했다. 그러나 나는 지금도 내 인생에 그런 행복한 삼십 대가 있었다는 것이 큰 축복이라 생각한다.

그리고 여전히 '아님 말고'는 내가 새로운 어떤 사업을 시도하거나 아리송한 결정을 내려야 할 때 매우 유효한 주문이 되고 있다.

살면서 느끼는 것이지만 세상만사 죽고 사는 것이 아니라면 특별히 심각할 것도, 무거울 것도 없는 것 같다. 극히 예외의 경우는 있겠지만 두 개의 선택 중 잘못된 하나를 골랐다고 해서 그것이 전체 인생의 결정적인 판도를 바꿔 놓는 것 같지도 않다.

일단 해보고, 해보면서 더러는 깨져 보고, 깨져 보면서 때로는 후회도 해보고, 그렇게 움직일 때 느낌표도, 마침표도 나오는 것이 인생이라 믿는다.

그때처럼 "아님 말고!"를 시원하게 외칠 만큼 이제 나도 그도 젊지 않지만, 지금도 둘이 차를 한잔 마실 때면 "아님 말고!

껄껄껄" 하고 웃던 과거의 김어준이 생각나서 나 혼자 빙그레 웃는다. 내 삶에 멋진 말 한마디를 심어 준 것에 고마움도 함께 느끼며.

윤용인_ 노매드 미디어&트래블 대표입니다. 본업인 여행은 필수로 하면서 각종 방송과 매체를 통해 여성과 결혼, 육아와 심리, 연애 등 폭넓은 주제로 글을 쓰고 있습니다. 언제나 자신이 처한 위치를 기준으로 글을 썼다는 그는, 아이가 어렸을 때는《아빠, 뭐해》를, 삼십 대의 강을 건넜을 때는《어른의 발견》을, 마흔 중반에는《심리학, 남자를 노크하다》를 썼고, 사장 생활 10년을 넘기고는《사장의 본심》을 썼습니다. 2012년에 출간한《시가 있는 여행》은 문화체육관광부 우수교양도서 문학 부분에 선정되기도 했습니다.

나를 죽이지 못한 것은
나를 더욱 강하게 한다

안인희

●

"청춘은 아름답다"고들 말한다. 하지만 내게 청춘은 괴로운 시절이었다. 글쎄 누구에겐들 그렇지 않을까? 세상은 아직 낯설고, 세상의 이치도 낯설고, 아는 것은 적고, 어른들은 공부를 하라지만 뭐하러 하는지도 잘 모르겠고, 무엇보다 공부가 그리 잘되지도 않고.

그나마 부모의 보살핌을 잘 받는 아이들은 좀 나은 편이지만 나는 어머니가 일찍 돌아가신 탓에 그마저도 여의치 않았다. 세상에 혼자 버려진 듯했고, 이따금 앞이 안 보이는 이런 막막한 세상에서 이것저것 견디느니 차라리 죽는 것이 낫지 않을까 하는 마음이 들기도 했다. 하지만 그것조차 실행이 쉽지 않은 일이니 이래저래 괴로웠다.

다행히도 책 읽기를 무척 좋아했다. 고등학교 졸업 후 시골에 남으면 책 읽기가 쉽지 않을 것 같았다. 대학교에 가면 도서관에 있는 책들을 마음껏 읽을 수 있으니 좋지 않을까 하는 마음에 억지로 공부를 했다. 읽고 싶은 책을 완전히 치워 버리고 하기 싫은 공부를 하는 것이 그리 쉽지는 않았다.

돈이 없어 과외는커녕 학원도 못 다니면서 죽을 것 같은 순간들을 버티며 앞으로 계속 나아갔던 것 같다. 끝없이 이어질 것 같던 괴로운 순간들도 마침내 끝이 났고, 어느새 나는 대학생이 되어 있었다.

그 뒤로도 몇 번을 더 죽을 것처럼 괴로운 순간들을 의미도 모른 채 견뎌야 했다. 그러다가 철학자 프리드리히 니체가 한 이 말을 만나게 되었다.

'나를 죽이지 못한 것은 나를 더욱 강하게 한다.'

이 문장을 보는 순간, 전율을 느꼈다. 그제야 삶의 힘든 고비들이 내게 어떤 의미를 가진 것이었는지 깨달았다. 인간은 힘들어서 죽을 것만 같은 순간들을 견디고 나서야 겨우 무엇인가를 얻고 성장한다. 그리고 전보다 강해진다.

그런데 강하다는 것은 무엇을 의미하는 걸까? 근육질의 브루스 윌리스가 영화에서 보여 주는 모습인가? 아니면 아무리 힘들어도 불굴의 의지로 난관을 딛고 일어나는 것을 말하는가? 그런 태도도 물론 '강함'이다.

하지만 우리 삶에는 그것과는 반대되는 '강함'도 있다. 스스로 내려놓고 물러나는 태도가 그것이다. 삶은 흘러가는 자연의 리듬과 같다. 위로 올라가면 도로 내려와야 한다. 태어나면 반드시 죽게 마련이다. 그러니 스스로 노력해서 얻은 것이라 해도 때가 되면 내려놓아야 한다.

이것이 생명의 유연함이다. 물러서지 않는 강인함과 더불어 이러한 유연함을 지녀야 진짜 강하다고 할 수 있을 것이다. 내려놓고 물러나는 것 또한 뼈를 깎아 내듯 힘든 일이 아니던가?

이제 나는 아무리 힘든 일이 있어도 좌절하지 않는다. 예전에 나를 죽일 듯 좌절하게 했던 것들이 지금 내게 힘이 되고, 언젠가는 지나갈 것임을 알기 때문이다. 또 지나고 나면 아무

나는 결코 좌절하지 않는다.
이 순간들이 날 더 강하게 하리니.

것도 아닌 일처럼 여겨지리라는 것도.

많이 힘들 때면 혼자 조용히 이렇게 되뇐다. "나를 죽이지 못한 것은 나를 더욱 강하게 한다"라고. 이것을 견디고 나면 나는 더욱 유연하게 강해지리라.

안인희 _ 독일 문화권의 대표적 번역자이자 문학·철학·예술 분야에서 꾸준한 연구로 주목받고 있는 인문학자입니다. 게르마니스틱(Germanistik)의 신화와 문학, 예술에 관한 강의와 저술 활동을 활발하게 펼치고 있습니다. 프리드리히 실러의 《발렌슈타인》으로 번역 활동을 시작했고, 《인간의 미적 교육에 관한 편지》로 제2회 한독문학번역상을, 《이탈리아 르네상스의 문화》로 한국번역가협회 번역 대상을 받았습니다. 《안인희의 북유럽 신화》 《게르만 신화, 바그너, 히틀러》 등의 책을 썼고, 굵직한 인문학 책들을 우리말로 옮겼습니다.

나 죽거든
손님 잘 먹여야 한다

한성봉

●

제가 살던 시골에 아저씨 한 분이 계셨습니다. 제 죽마고우의 아버지로 가난이 끊이지 않는 시골 마을의 정미소 주인이었습니다. 비록 배우지 못했지만 평생을 소처럼 일한 분이었습니다. 흉년이 들면 이 어른의 그늘은 십 리에 미쳤습니다. 소작료를 줄여 주는 것은 물론 자기 돈을 털어 이웃을 돕기도 했습니다.

어느 날 이분이 돌아가셨습니다. 제 친구를 포함한 3남 4녀가 긴장하며 임종을 지켰습니다. 그도 그럴 것이 우리 마을에서 이분의 땅을 밟지 않고는 움직일 수도 없었거든요. 이윽고 꺼져 가는 숨결을 가다듬으며 한 말씀 하셨습니다.

"너희들…… 나 죽거든…… 나 죽거든 손님들 잘 먹여야 한다. 그래야 복 받는다."

그리고 그분은 영면하셨습니다. 모두 아연실색했습니다. 이토록 허망하고 황당한 일이 없었습니다. 남은 자식들에게 나뭇가지를 꺾어 보라고, 한 개는 쉽게 부러지나 뭉치면 부러지지 않으니 힘을 합쳐 잘 살아 보라는 식의 가르침은 아니더라도, 모시고 살았던 장남에게 5층짜리 상가 건물을 주라거나 불쌍한 셋째 딸에게는 수리조합 옆의 논을 주라는 등의 최소한의 '갈래치기'조차 없었습니다. 자신의 죽음에 문상 오는 손님들을 잘 먹이라뇨…… 이게 무슨 유언입니까. 이게 무슨 남겨진 자식들이 평생 간직해야 할 금과옥조입니까.

순간 제 친구가 커다란 실수를 했습니다. 혀를 깨물고 있다가 도저히 참지 못해서 픽- 하고 웃어 버린 것입니다. 역시 우리 아버지라는 생각이 들었다 합니다. 회갑 기념으로 동네 사람들을 몰고 온천 여행을 떠났다가 관광버스 안내양과 잠적했던, 그리고 일주일 후 돌아와 커다란 헛기침과 함께 "쪼께

바람 좀 쐬고 왔구먼" 하시던 아버지 생각에 웃음을 참지 못했던 것입니다.

하지만 아찔했습니다. 엄숙한 순간이니까요. 그런데 잠자코 있으려니까 큰사위가 킥킥거리더니 형과 누나가 연이어서 낄낄대기 시작했습니다. 순간적으로 웃음바다가 되었습니다. 큰딸은 아예 데굴데굴 구르고 작은아버지는 너무 웃어 눈물을 닦느라 바빴습니다.

축제였습니다. 유언을 잘 지키려는 자식들의 정성에 더없이 푸짐한 상가(喪家) 음식이 차려졌고, 덕분에 마을 사람들은 며칠씩 먹고 마셨습니다. 이 엄숙하고 비장한 날에 그분의 일생을 가슴에 담아 추모하는 대신, 그분의 찰나 같은 짧은 존재의 기억을 우리 모두 훌훌 털어 냈습니다.

김열규 교수의 말처럼 '삶은 죽음과 통성명도 못 하는 타자(他者)'입니다. 사는 동안 죽음을 망각하다가 어느 순간 깊은 단절을 느낍니다. 누구나 이 단절에 익숙하지도, 그 순간을 준비하지도 못했던 터라, 타자와의 만남을 두려워합니다. 그래서 슬프고, 그래서 두렵습니다. 익숙했던 삶에 미련이 남고 집착하게 되며, 그 착심(着心) 때문에 유언을 남깁니다. 그 유언은 자신의 존재에 대한 각인을 담고 있습니다.

하지만 그분은 알고 계셨습니다. 하늘을 나는 새가 이름을 남기지 않듯이, 흐르는 시냇물이 추억을 만들지 않듯이, 인간 또한 자연의 한 존재로서 자연의 섭리대로 살다 간다는 것을. 그리고 그 소풍의 뒷자리에 오는 분들께 작은 도시락을 마련했습니다. 비록 배우지도, 존경받을 만큼 그리 도덕적이지도 못했지만 사람답게 사신 분이었습니다.

제가 평생을 간직하는 그분의 마지막 말씀은 언어가 끝나는 곳에서 마주친 학문이었으며 용천혈의 대침 같은 깨달음이자 길모퉁이에서 만난 부처였습니다.

한성봉_ 동아시아출판사 대표입니다. 짧은 머리에 젤을 담뿍 바르고 손가방을 들고 회사가 있는 명동을 활보하고 다녀서 인근 주민들에게는 사채업자 '어깨'로 알려져 있지만, 책에 대한 남다른 열정과 신념으로 좋은 책 만들기에 힘쓰고 있습니다. 시류에 편승하는 책이 아니라 미래가 있는 책, 사회에 뭔가 방향성을 제시할 수 있는 책을 만들어 더 많은 사람들에게 알리고 읽히는 것이 그의 꿈입니다.

지렁이처럼 기지 말고
자기 발로 일어나 뜻을 세워라

유지나

어린 시절부터 나는 허무주의자 기질이 있었다. 허무감에 빠져 방황하던 시기에 김흥호 선생님을 만난 건 행운이자 축복이었다. 1980년대 이화여대에서 교목(校牧)으로 계실 때, 불교와 노장 사상을 넘나들며 '깨달음으로서의 철학'을 가르쳐 주신 선생님은, 참다운 말로 생각하고 표현하며 그것대로 사는 길을 보여 주셨다.

거저 배우고 거저 주는 삶의 미덕을 실천하신 선생님은 사비로 〈사색〉이란 잡지를 만들어 학생들에게 정신적 힘을 주셨고, 학점과 상관없는 강좌를 열어 늙은이(노자를 그렇게 부르셨다), 장자, 벽암록과 산상수훈을 선생님의 목소리로 가르치셨다. 우리는 선생님을 '도사'나 '성인'이라고 부르며 따랐다.

선생님은 자기만의 것은 없으니 모든 것을 전체에게 돌리는 공생애의 기쁨, 땅에서 지렁이처럼 기지 말고 자기 발로 일어나 뜻을 세우고 사는 삶의 자세를 일깨워 주셨다.

고승들의 선문답도 흥미진진하게 들려주셨는데, 그중 하나가 '손가락 세우기'이다. 고승 한 분이 죽음을 앞두고 제자들에게 아무 말 없이 손가락 하나를 탁 세우고는 마지막 숨을 내쉬었다고 한다.

"그게 무슨 뜻인지 아느냐?"는 물음에 우리 모두 그게 뭘까, 어리둥절해했다. 선생님의 설명에 따르면 세운 손가락 하나는 '1'인데, 일단 그걸 하나 세워야 그 뒤에 무얼 갖다 붙여도 의미심장한 숫자가 된다고 했다. 그 '1' 자를 못 세우고 이것저것 갖다 붙여 봐야 모든 게 허무하기 짝이 없다는 것이다. 즉 뜻 하나를 세워야 그 인생이 의미 있다는 것을 우리에게 일깨워 주셨다.

세상 부귀영화를 다 누리는 듯 보이는 이들이 자살을 하고 맥없이 죽음에 직면하는 현실을 대할 때마다 선생님이 들려주신 '손가락 세우기' 선문답이 떠오른다. 그리고 인생 항해에서 좌초되지 않으려면 뜻 하나를 돛대처럼 세워야 한다는 치열한 각성이 사무쳐 온다.

또 선생님은 한글의 철학적 풀이로 더욱 나를 매료시켰다. 이를테면 '기'가 '뿜어 나오는 것'이 '기쁨'이라든지, '사람', '삶', '사랑'이 같은 자음과 모음으로 구성된 것만 보더라도 '사람은 사랑으로 삶'을 살아 내는 존재라는 것을 알 수 있다는 등의 가르침을 주셨다. 영원이란 순간들의 더하기가 아니라 흐르는 시간을 뚫고 나오는 깨우침의 찰나라는 선생님의 풀이는 내 삶에 영감과 열정을 불러일으켰다.

돌이켜보면 그런 선생님의 가르침 덕에 나는 '놀이-예술' 하며 살기가 삶의 본질이라는 것을 뜻으로 세울 수 있었다. 예술은 특정인의 직업이 아니라 어린 시절 우리 모두가 그랬듯 삶을 즐겁게 만드는 비결이다.

놀이하는 인간, 즉 호모 루덴스(Homo Ludens)로 험한 세파를 즐겁게 헤쳐 가는 이의 얼굴은 빛난다. 선생님의 한글 풀이대로 하면 얼굴은 '얼'이 깃든 '굴'이다. 선생님이 학처럼 고

고해 보였던 것도 결국 그 얼이 깃든 굴에서 나오는 광채 덕분이었는지 모르겠다. 그런 선생님을 사다리 삼아 교단에 서고, 무대에 서고, 글을 쓰며 나도 그런 얼이 깃든 굴의 빛을 갖기를 소망한다.

유지나_ 영화평론가이자 동국대 영화영상학과 교수입니다. 즐거운 삶은 놀이를 일상과 접목시키는 데서 시작한다고 믿습니다. 프랑스 파리 제7대학 기호학과에서 영화기호학으로 박사학위를 받았으며, 1991년 MBC 라디오 〈별이 빛나는 밤에〉에서 특유의 날카로운 영화비평으로 대중들에게 이름을 알렸습니다. EBS 〈세계의 명화〉에서 영화 해설을 진행하기도 했습니다. 2000년 청룡영화상 영화평론상을, 2004년 프랑스 정부로부터 학술문화훈장을 받았습니다.

제가 개새끼입니까?

박경석

●

　　　　　어릴 때 제목에 끌려 호기심으로 본 스웨덴 영화의 제목이 '개 같은 내 인생(My life as a dog)'이었다. 그런데 영화의 내용을 보고 별로 '개같이' 힘든 느낌을 받지 못했다. 알고 보니 '개 같다'는 한국에서는 욕이 되지만, 스웨덴에서는 좋은 뜻이라고 했다. 나는 노들장애인야학에서 일하며 중증장애인의 '개 같은 삶'이 '인간다운 삶'으로 바뀌는 꿈을 꾸고 있다.

　노들은 '노란 들판'의 줄임말로, 이곳은 장애 때문에 초등학교와 중·고등학교를 다니지 못한 중증장애인들이 검정고시 공부를 하는 공간이다. 물론 검정고시만 준비하는 곳은 아니다. 가을 녘 곡식이 풍성하게 자란 노란 들판을 보며 함께 평등하게 나누고 유쾌한 꿈을 꾸는 곳이라는 뜻을 담고 있는 만큼, 삶에 필요한 다양한 자립생활 훈련과 교육을 진행한다. 이곳에서 학생들은 사회와 처음이나 다름없는 관계를 맺는다.

어느 날 삼십 대 중반의 뇌병변 장애 1급인 남학생 한 명이 내게 물었다.

"선생님, 제가 개새끼입니까?"

갑작스러운 질문에 내가 "왜 그러냐?" 하고 되묻자 그는 이렇게 답했다.

"노들에 나오기 전까지 저는 거의 집구석에만 처박혀 살았거든요. 아침에 부모님이 출근할 때 '밥 먹고 집 잘 보라'며 나가고, 퇴근해서 집에 오면 '집 잘 봤냐? 밥 먹어라' 하고. 그렇게 초등학교도 다녀보지 못하고 30년 넘게 살았어요."

그래도 명색이 교장인데 차마 학생에게 심한 말을 할 수는 없어 "무슨 그런 말을……" 하고 넘어갔다. 그러나 진실은 집 지키는 개만도 못한 삶을 살고 있다. 골방과 시설에 갇혀 살아가고 있는 것이 중증장애인의 현실이라 생각하니 가슴이 먹먹해졌다.

장애 여성들이 독립생활을 꿈꾸면서 생활하는 모습이 〈거북이 시스터즈〉라는 다큐멘터리로 제작된 적이 있다. 그 다큐의 첫 장면이 스물다섯 살에 하는 첫 외출이다.

왜 사랑과 봉사가 넘쳐나고 물 좋고 산 좋은 곳에 위치한 장애인 생활시설에서 사는 것이 살벌한 세상에 나오는 것보다 장애인 당사자들에게 행복할 것이라고 생각하는가? 중증장애인을 학교에 보내 왕따 당하게 하는 것보다는 집구석에

세상에 나와 상처받기보다
집 지키는 개로 사는 것이 더
행복하리라 생각하는가?

가만히 두는 것이 가족의 사랑인가?

　세상은 경쟁과 효율의 잣대로 사람을 평가하고, 그 경쟁에서 승리한 사람이 성공한 사람이 된다. 그런 틈바구니에서 중증장애인의 인생은 '개같이' 전락할 수밖에 없다. 그러나 다른 꿈도 있다. 세상의 가치에 적당히 맞추어 꾸는 꿈이 아니라 근본적으로 인간적인 삶을 지향하고 공유하는 꿈. 나는 그런 유쾌하고 행복한 '개 같은 삶'을 꿈꾸고 있다.

박경석_ 노들장애인야학 교장입니다. 스물네 살 때 행글라이딩 추락 사고로 중도장애를 입은 후 장애인 운동에 뛰어들어 20여 년간 헌신하고 있습니다. 전국장애인차별철폐연대 상임공동대표로 장애인들의 권리가 보장되고 차별받지 않는 사회를 만들어 가기 위해 오늘도 노력하고 있습니다.

평생 잘난 척하지 말게

왕종근

●

신입 아나운서로 막 입사했을 때의 일이다. 한 기자 선배가 지나는 나를 불러 세웠다.

"왕 아나운서, 자네는 방송생활 끝날 때까지 평생 잘난 척하지 말게."

"네?"

"유명해지면 사람 달라지는 게 싫어서 그래."

당시엔 왜 뜬금없이 내게 그런 말을 하는지 의아했다. 하지만 선배의 말씀이니 그래도 귀담아들었다.

그 후 방송생활 30년이 흘렀다. 쉽게 유명해지지도 않았고, 잘난 척할 일도 없었다. 그런데 사람을 자꾸 보다 보면 미운 얼굴도 곱게 보이고 정이 들게 마련인가 보다. 많은 프로그램을 통해 시청자들을 만나다 보니 나에게도 팬이 생겼다. 백화점에서 손을 잡는 주부, 요금을 받지 않겠다는 택시 기사, 사이다를 덤으로 주는 식당 주인도 있다.

자, 이제 나는 어떻게 살아야 하나. 나는 스타도 아니고 연예인도 아니고, 얼굴이 조금 알려진 방송인일 뿐이다. 부자도 아니고 권력도 없다. 그렇다면 내가 할 수 있는 것은 무엇일까.

나를 필요로 하는 곳에 얼굴을 꼭 내미는 것이다. 그래서 나는 모임이나 결혼식, 상가(喪家)에는 웬만하면 참석한다. 괜히 몸을 사리며 바쁜 척하거나 어떤 행사에 가서 서둘러 자리를 뜨면 결국 '불편한 사람'이 되고 말기 때문이다.

또 가족끼리 외식하는 날이면 우리 마을의 발전에 조금이나마 이바지하고자 동네 식당을 이용하고, 매주 아들과 목욕탕에 갈 때면 아무리 힘들어도 목욕관리사에게 맡기지 않고 내 몸의 때는 내가 민다. 구석구석 때를 밀다 보면, 내 피부와 건강 상태를 알 수 있으니 좋지 않은가.

며칠 전 세환이 형이 와인 한잔하자며 전화를 걸어왔다. 이렇게 전화하면 달려와 주는 편한 사람이 몇 명 있다. 가수 김세환 형, 윤수일, 이금희 아나운서, 프로레슬러 이왕표 등등. 바빠도 바쁜 척하지 않고 뛰어나오는 것은, 겸손한 마음에서일 것이다. 이들과는 살아가는 코드가 맞다.

남의 말을 잘 들어주고 그 사람 편이 되어 힘을 주기도 하며 늘 미소 짓는 소탈한 사람. 나는 그런 사람으로 살고 싶다.

왕종근_ 1978년 부산 TBC에서 아나운서 생활을 시작했습니다. 1980년 KBS로 자리를 옮겼으며 1994년 아나운서실 차장을 역임했습니다. 〈생방송 세상의 아침〉〈무엇이든 물어보세요〉〈TV쇼 진품명품〉 등을 진행했으며, 현재 한국경제 TV에서 〈왕종근 이세진의 성공파트너〉를 진행하고 있습니다. 방송에서는 카리스마 넘치는 진행자이지만 집에서는 아내의 말에 절대 순종하는 남편, 눈물 많은 아버지라고 합니다.

그림에 완성이 어디 있어!

김선두

산동 오태학 선생을 처음 만난 건 대학교 1학년 여름방학 때였다. 3학년 실기실에서 이마가 시원하게 넓고 이목구비가 뚜렷한, 날카로운 눈매의 젊은 선생 한 분이 열변을 토하고 있었다. 그분이 지금까지 30년 넘게 사제(師弟)의 연을 이어 오고 있는 산동 선생이다.

선생은 엄하였다. 제자의 작품을 평가할 때는 더욱 그랬다. 학부 4년과 대학원 2년을 합쳐 도합 6년 동안 한 번도 칭찬을 받아 본 기억이 없다. 영화 〈취화선〉에서 장승업이 스승인 혜

산 유숙에게 그림을 배우는 장면으로 변형된 일화가 있다. 학부 2학년 봄이었는데, 학교 뒷산을 열심히 그려 선생께 보여 드렸다가 철퇴를 맞았다.

"선생님, 산수화를 완성했는데 한번 봐주시죠."

"야, 이 녀석아! 그림에 완성이 어디 있어! 작가는 자기 작품에 만족할 수 없는 존재야. 만족한다면 더 이상 그릴 것이 없어. 나는 일단 그리고 나면 그 작품은 곧 잊어버린다. 잊어야 다른 것을 그릴 수 있기 때문이지."

예술가는 불완전하기에 완전을 향해 간다는 것, 그리고 불완전은 완전의 상위 개념이라는 것을 선생은 올챙이에게 확실히 가르쳐 주었다.

대학원 때였다. 선생의 KTV 수묵화 강의에 제자 몇이 학생으로 출연하게 되었다. 선생은 TV 프로그램 녹화 중에도 예외가 없었다. 우리가 그린 그림을 품평하는 시간이 되면 예의 추상같은 평가를 내렸다. 마지막 녹화 날, 나의 느닷없는 애교가 발동했다. 용감하게 "오늘은 마지막 날이니 저희 그림을 한 번만 칭찬해 주십시오" 했다가 다른 날보다 더욱 무참하게 깨졌다.

선생의 서슬 퍼런 한마디는 받아들이는 제자에 따라서는 신바람기를 꺾기도 했지만, 나에게는 오히려 저 바닥에 잠자고 있던 오기와 투지를 불러 일으켜 준 쓴 약이었다. 때로는 무거운 스트레스가 되어 나를 압박하기도 했다. 하지만 이를 극복하기 위해 나는 로마 시대의 검투사처럼 스스로 강해지지 않으면 안 되었다.

선생이 제자 앞에서 칭찬하는 일이 있다면 그날은 해가 서쪽에서 뜰 것이다. 아무 말씀 없는 것이 칭찬이었고, 바람 잔 날 감나무 잎이 흔들리듯 희미하게라도 고개를 끄덕여 주면 극찬이었다. 하지만 속마음은 따뜻하고 정이 많았다. 대부분 선생을 엄하고 무서운 분으로만 기억할지도 모른다. 나도 졸업하고 10년이 지난 다음에야 선생의 속내를 알았다.

어느 해 후배의 개인전 뒤풀이에서 혹독한 가르침의 이유를 들었다. 화단은 적자생존의 법칙이 엄존하는 정글과 같은 곳인데, 사자가 새끼들을 강하게 키우듯 하지 않으면 화단에 나왔을 때 시련과 고비를 넘지 못한다는 것이었다. 특히 재능 있는 제자일수록 더욱 엄하게 가르친다 하였다. 조금이라도 알량한 재주나 기교를 부릴라치면 "좋은 작가는 기교를 부리지 않고 정도(正道)를 간다. 인간 그 자체를 보여 주어야 한다. 진실하면 언젠가는 좋은 작품을 그릴 수 있다"는 말씀과 함께 불호령이 떨어졌다.

'참다운 스승은 입 벌려 가르치지 않지만 슬기로운 제자들은 그의 곁에서 늘 새롭게 배운다'는 말이 있다. 선생은 참다운 예술가란 어떠해야 하는지를 몸소 실천하여 보여 줌으로써 아둔한 제자에게 끝없는 가르침을 주고 계신 것이다.

1999년, 선생은 혹독한 병으로 불편한 몸이 되었다. 병마를 이기고 불편한 몸으로라도 돌아온 것은 아직도 제자들에게 다 전하지 못한 사랑과 가르침이 남아 있기 때문이 아닐까.

김선두_ 우리 화단이 자랑하는 한국화가이자 중앙대 한국화과 교수입니다. 김훈의 소설 《남한산성》 표지에 실린 그의 그림은 소설 못지않게 큰 인기를 누렸습니다. 또 영화 〈취화선〉에서는 배우 최민식의 손 모델이 되어 무수히 많은 그림을 그렸습니다. 그의 그림은 느린 선의 미학을 바탕으로 생명과 삶의 대지, 그 꿈의 노래, 그리고 사랑을 주제로 하고 있으며, 전통 장지 기법의 끝없는 실험을 통해 한국화의 새 지평을 넓혀 가고 있습니다.

저질러라!

구자홍

　　　미국 유학을 마치고 귀국할 때다. 알뜰한 아내는 이역만리에서 고생하면서도 약간의 돈을 저축했다. 귀국하면서 살림살이를 장만해 돌아가고 싶었던 것이다. 그 시절 해외 생활을 하다 귀국하는 사람들 사이에서 유행하던 일이었다. 나는 그런 아내의 소박한 꿈에 찬물을 끼얹으며 일을 저질렀다.

"여보, 이 돈으로 우리 후회 없이 미국 여행 한번 제대로 하고 갑시다. 미국에 언제 또 올지 모를 일이고, 가전제품은 나중에 사면 되지 않겠소?"

'후회 없이'라는 말에 아내는 내 뜻을 따랐다. 우리는 예산보다 훨씬 많은 돈을 여행 경비로 썼지만, 시간이 훌쩍 지난 지금도 그때를 이야기한다.

이 나이가 되어 인생을 돌아보니 '저지른 기억'이 대부분을 차지한다. 전북 진안의 촌구석에서 벗어나기 위해 열 살 때 부모님을 졸라 전주로 전학 가서 혼자 하숙한 것을 시작으로,

지치도록 많은 것은
내 안의 가능성을 믿고
생각을 현실로 만들라는 메시지다.

아무 준비 없이 행정고시에 뛰어든 것, 14년의 공직생활을 미련 없이 접고 사업에 뛰어든 것, 망해 가는 회사를 맡아 사생결단을 낸 것까지 나의 인생은 저지름의 연속이었다.

동양생명 사장 시절의 일이다. 당시 동양생명은 후발주자였던 탓에 업계 순위에서 한참 아래에 있었다. 국내 생명보험업계 '빅3'에 비하면 초라할 정도였다.

나는 그때 인지도를 높이기보다는 아예 버리는 쪽으로 일을 저질렀다. 그리고 완전히 새로운 이름을 지었다. '수호천사'였다. 지금이야 보험사마다 브랜드를 내거는 일이 일반적이지만 당시에는 개념조차 없던 일이다. 그렇게 대한민국 최초의 보험 브랜드가 탄생했다.

고객에게 신뢰를 주기 위해 직접 광고모델로 나섰고, 주민등록번호도 공개했다. 퇴출 위기에 빠진 회사를 살리고자 석 달 동안 250개가 넘는 전국 영업소를 한 곳도 빠뜨리지 않고 순회한 것도 파격적인 행보였다. 그렇게 석 달 동안 마신 술이 소주 3천 잔을 넘는다.

나에게 일단 저지른다는 것은 생각하지 말라는 것이 아니라 생각을 현실로 만들라는 메시지다. 반드시 해내겠다는 자신감이다. 함께하기로 한 사람을 믿는 것이다. 내 안의 가능성을 보여 주는 것이다. 후회 없는 삶을 위한 특명이다. '저질러라'는 맨몸으로 세상과 부딪쳐 온 나에게, 삶이 일깨워 준 한마디이다.

구자홍 _ 동양그룹 부회장입니다. 결단의 순간에 더욱 과감해지는 승부사입니다. 동양생명에서 대한민국 보험 브랜드 1호 '수호천사'를 창시하고, 동양카드에서는 지금의 포인트 제도인 '멤버십 리워드'를 업계 최초로 시도하는 등 탁월한 결단력으로 가는 곳마다 흑자 전환을 이끌어 내어 '미다스의 손'이라는 별명을 얻었습니다. 젊은이들에게 전하고 싶은 메시지를 담아《일단 저질러 봐》라는 책을 썼습니다.

그게 아니야

이병진

아서 밀러의 작품 〈시련〉의 연극 연습이 한창이었다. 내 의지와는 상관없이 교수님의 추천으로 아흔두 살 노인 역을 맡게 되었다. 내 나이 스물한 살에, 아내가 억울하게 기소되어 마을의 최고 연장자로서 법정에서 항변하는 안타까운 늙은이를 연기해야만 했다. 분명히 오디션은 다른 역을 보았는데, 담당 교수님은 나를 그 배역에 앉혔다. 누구도 맡지 않으려던 역이었고, 나 역시 하기 싫었다. 그래서 나름의 불만을 등교 거부와 연습 거부로 표출했다.

이틀 후 교수님이 전화를 하셨다.

"쉬운 배역은 없는 거야. 넌 그래서 진정한 배우가 아니야. 넌 이 역할을 해내야만 해. 그래서 널 시킨 거니까."

어떻게 해야 할까. 이미 다른 극단이나 학교 연극에서는 그 역할을 빼거나 분량을 줄여 공연하고 있었다. 며칠 뒤 나는 학교로 가서 교수님을 만났다.

"해보겠습니다. 제게 기회를 주신 거죠?"

"미친 놈. 한번 해봐. 도와줄게."

바로 남산에 올라 오래된 나뭇가지를 꺾어 지팡이를 만들고, 파고다 공원에서 노인을 관찰했다. 6개월간 지팡이를 들고 다니며 노인의 호흡으로 힘들여 걷고 말했다.

무더운 여름날 연습실, 교수님이 계속 내 대사를 끊었다.

"그게 아니야."

짜증이 났다. 나는 점점 격앙된 목소리로 내지르고 교수님은 다그치기만 하셨다.

"그게 아니라니까!"

교수님은 내가 들고 있던 지팡이를 뺏어 내 머리를 내리쳤다. 머리에선 피가 흘러내렸다. 교수님은 아랑곳하지 않고 대사를 하라고 소리쳤다. 모든 에너지를 모아 내뱉었다. 욕처럼.

"여긴 세일럼이니까요!"

교수님이 갑자기 박수를 치면서 연습 종료를 알렸다.

"바로 그거야!"

그제야 병원에 가라고 하셨다. 이해할 수 없는 연기 지도였지만, 나는 어떤 기분으로 그 대사를 소화해야 하는지 그때 알게 되었다.

6개월 후 나는 완벽한 아흔두 살 늙은이로 공연을 마쳤다. 지금 다시 하라면 그렇게 살 수는 없을 것이다. 하지만 삶의 무게에 나약해지고 도전을 머뭇거리게 될 때, "그게 아니야"를 "바로 그거야"로 바꾸고 싶었던 그때의 마음을 떠올린다.

이병진_ 느린 행동과 어눌한 말투가 먼저 떠오르는 개그맨이자 방송인입니다. 고등학교 시절에는 붓을 쥐고 그림에 몰두했었고, 대학 때는 연극을 전공하며 무대 위의 삶을 꿈꾸었습니다. 사진 실력으로도 정평이 나 있는 그는 두 권의 사진 에세이를 냈고, 곧 세 번째 책을 출간할 예정입니다. 요즘은 '사진 찍는 개그맨'이란 말이 제일 듣기 좋다고 합니다.

제 분수를 알아야지

이주실

몇 해 전 겨울, 거친 바람이 몹시 불던 날이었다. 뮤지컬 공연을 끝내고 밤 11시가 다 되어 자동차에 기름을 넣기 위해 주유소에 갔다. "가득이요" 부탁하고 요금을 준비하는데 '탁' 주유기 멈추는 소리가 났다. '아니, 벌써?' 하고 내다보니 직원이 말했다.

"만땅 들어 있나 봐요."

그런데 계기판을 보니 아니었다.

"그럼 기름통에 가스가 찼나, 으이구."

그는 구둣발로 타이어를 툭툭 걷어차더니 마지못해 주유기를 다시 집어 들었다.

"연예인이죠? 폼 나게 삐까번쩍한 큰 차로 바꾸시지 이런 똥차를……."

더러 듣는 소리였다. 열여섯 살 먹은 작은 프○○드. 똥차로 불릴 만큼 연식이 오래됐지만 나나 남에게 불편을 끼친 적 없는 차였다. 더군다나 내 형편으로는 딱 적당해 누가 뭐래도 흔들리지 않았다. 아마 어떤 것도 내 능력에 지나치다 싶은 것은 비교적 하지 않는 것이 몸에 배어 그럴 것이다.

"사람은 언제, 어디서나 자기 분수를 알아야 해."

어렸을 적부터 어머니가 일러 주신 덕이다.

사방에서 총성이 울리던 한국 전쟁, 그 피란지에서도 어머니는 나뭇가지를 잘게 분질러 각을 맞춰 가며 나에게 기역 니은을 가르쳐 주셨다. 휴전 후 폐허 속에서 가난에 허덕이며 땔감과 먹을 것을 찾아다니면서도 4남 1녀 아이들에게 각각 나이에 맞는 가정교육을 하셨다. 두세 살 터울의 아이들이 한데 모여 눈을 맞추고 대화할 수 있는 유일한 시간인 밥상머리 교육을.

해가 저물도록 천방지축 뛰어노느라 숙제를 놓치기 일쑤인 아이에게는 더 놀고 싶다고 생각될 때 그만 접고 숙제를 하는 것이 학생 신분에 맞는 분수라 하셨다. 또 제 밥그릇을 비우고도 숟가락을 입에 물고 남의 밥을 엿보는 아이에겐 부족하다 싶을 때 수저를 놓는 것이 건강에 좋다고 타이르셨다. 그러지 않으면 후에 탈이 나게 마련이라는 것이다.

없는 살림에 모두 대학까지 보내 줄 순 없으니 학교 공부도 능력껏 선택하라 하셨고, 특별 교육을 받지 않아도 타고난 재능이 있는 아이에게는 틀에서 벗어나 자꾸 도전하고 시도하도록 부추겨 주셨다. 그 과정에서 돌이킬 수 없는 실패와 실수를 해도 너그러이 봐주셨다.

열 살 때 생각이 난다. 어머니가 특별한 날에나 입으시던 검정 비로드 치마. 반지르르 윤기 나고 보들보들해 자주 만지작거렸는데 어머니가 개울에 빨래하러 가시던 날 일을 내고 말았다. 어머니가 헌 옷을 잘라 우리 옷을 만들어 주시는 것처럼 나도 치마 밑단을 오려 머리에 꽂을 리본을 만들 요량이었다.

콧노래를 하며 천을 재봉틀 노루발 밑에 끼워 놓고 돌림바

퀴를 돌렸다. 그런데 어인 일인가. 삐뚤삐뚤 엉망으로 박히더니 밑실까지 엉켜 버렸다. 어머니가 혼수로 가져오신 싱거표 재봉틀은 내 놀잇감처럼 익숙해 광목 손수건이며 꿰진 옷도 곧잘 박아 솜씨 있다는 소릴 들었는데 이상한 일이었다. 안절부절못하고 있는데 어머니가 돌아오셨다.

"이걸 어째 너……." 말을 잇지 못하시다가 후~ 한숨을 내쉬고는 "꼬리치마 싫증 났는데 통치마 만들어 입어야겠다" 하셨다. 말씀은 가벼웠지만 눈가에 이슬이 맺혀 있었다. 어머니는 잘잘못의 경계는 일러 주셨지만, 철부지 딸이 저지른 행위 너머에 있는 창의성을 죽이지 않기 위해 가볍게 넘겨주셨던 것이다.

이런 어머니를 통해 분수는 자기 한계를 뜻하며 많은 삶의 경험을 통해 지혜가 생긴다는 것을 느꼈다. 주어진 여건을 인정하고 자신의 능력을 직시할 수 있는 겸손함이 분수라는 것도 알게 되었다.

한 치 앞도 모르는 삶은 수없이 위기와 절망을 겪게 마련이다. 그때마다 돌이킬 수 없는 일은 접고 재도전을 두려워 않는 모양이 어머니를 닮은 것 같다. 하지만 나나 남에게 나쁜 영향을 끼칠 정도라면 생각을 달리해야 한다. 그 또한 분수에 맞는 일 아니겠는가.

오늘 나는 지나가는 자동차 한 대를 향해 손을 흔들었다. 몇 해 전 거친 바람이 불던 겨울밤에 주유소 직원에게 똥차라고 구박받았던 그때 내 자동차와 번호판 숫자가 비슷해서.

이주실 _ 연극배우이자 탤런트입니다. 20여 년 전 유방암으로 시한부 선고를 받았지만 불굴의 의지로 병마를 이겨 내고, 연극, 뮤지컬, 드라마를 종횡무진하며 배우로서 행복한 나날을 보내고 있습니다. 2010년에는 보건학 박사학위를 받았고, 지난해에는 KBS 〈남자의 자격〉 청춘합창단의 일원으로 감동을 선사하기도 했습니다. 글 속의 어머니는 지난여름 세상을 떠나셨다고 합니다.

아득하면 되리라

아득하기만 한데 뭐가 된단 말인가!

하지만 이 모순적인 문장은 지난한 삶의 순간마다 나를 일어서게 했다.
그때 내가 세상에 목소리를 낼 수 있는 곳은
작은 무대가 전부였고, 내 인생의 미래도 배우로서의 희망도 찾기 어려웠다.
그저 나는 아득한 그 어딘가를 향해 걸을 수밖에 없었다.
하지만 어느 순간 알았다. 아득한 것은 손을 놓아 버리는 체념과는 다르다는 것을.
바로 아득하기에 꼼지락꼼지락 움직이면서 길을 찾아 나아갈 수 있음을.

지금은 서툴러도 괜찮아

송정림

내 젊은 날들은 자욱하고 매캐한 최루 가스로 뒤덮인 캠퍼스처럼 매웠고 아팠고 혼란스러웠다. 입학식 날 내 옆자리에 앉은 이유로 단짝이 된 친구가 도서관에서 형사에게 머리채를 붙잡힌 채 질질 끌려가고 있는 것을 보았다. 나는 이성을 잃고 정신없이 그 친구 뒤를 쫓으며 외쳤다.

"놔요! 놓으라구요! 놔!"

그때 마침 복도를 지나가던 교수님이 얼른 내 손을 끌어당겨 그 순간을 모면하게 했다. 그 후 나는 친구가 끌려가는데도 보고만 있었다는 가책 때문에 내내 괴로웠다. 시위 대열에 합류하지도 못하고, 그렇다고 시대의 아픔을 철저히 외면하지도 못한 채 나는 이방인처럼 서성거렸다.

나는 빨리 작가가 되어 혼란스러운 학교에서 벗어나고 싶었다. 그러나 신춘문예에 응모하면 항상 결선까지 올랐다가 최종심에서 떨어지곤 했다. 희망이 없다는 생각에 내 어깨는 자꾸만 내려갔다.

그 시절 나를 위로해 주는 것은 음악밖에 없었다. DJ 아르바이트를 하면서 나는 음악다방에 틀어박혀 지냈다. 강의실에 있는 것보다 뮤직 박스에 있는 시간이 더 행복했다. 그럴 즈음 고등학교 은사님이 서울에 오셨다가 나를 찾아오셨다.

고등학교 시절, 제주도 지역에서는 유명한 시인이었던 선생님은 나에게 시를 가르쳐 주셨다. 어느 대학 백일장에서 시 부문 대상을 받던 날, 선생님은 가지고 있던 시집 수십 권을 내게 주며 말씀하셨다.

"넌 우리나라 최고의 시인이 될 수 있을 거야."

졸업하고 제주도를 떠나 서울로 유학 온 후에도 선생님은 언제나 편지에 쓰셨다.

'시 쓰는 것을 잊지 말아라.'

그렇게 자신의 기대를 한 몸에 받고 있던 제자가 희망 없이 이리저리 방황하고 있는 것을 선생님이 보시고 말았다. 선생님은 차 한 잔을 두고 마주 앉은 나를 한동안 바라만 보시다가 말을 건네셨다.

"많이 힘들지?"

선생님의 그 말씀이 내 슬픔의 뇌관을 건드렸고, 둑이 터진 듯 울음을 터뜨리고 말았다. 한참을 울었다. 실컷 울게 내버려 둔 후에 선생님은 나에게 말씀하셨다.

"지금은 서툴러도 괜찮아."

눈물이 그렁그렁한 얼굴로 선생님을 보았다.

"겨우 스무 살인데, 뭐."

스무 살의 슬픔은 당연한 것이라고, 스무 살의 방황은 오히려 고마운 흔들림이라는 것을 알게 될 거라고 선생님은 말씀하셨다.

"스무 살의 가난은 가난이 아니야. 스무 살의 실패도 실패가 아니라 경험이야."

선생님의 그 말씀은 그때의 나에게는 아프지만 따뜻한 회초리였다.

대학을 졸업하고 나는 작가가 되었다. 선생님이 바라시던 시인은 되지 못했지만 드라마를 쓰고 있었다. 어느 날 선생님에게 전화가 왔다.

"서울에 다니러 왔는데 잠깐 볼 수 있겠어?"

하필 그때 나는 인생의 험한 고비를 또 한 번 넘고 있었다. 교통사고로 다리 인대가 끊어져 깁스를 한 상태였고 심신이 지쳐 있었다. 그 다리를 완치시키는 데만 2년이 걸렸다. 그리고 오랫동안 기획해 왔던 드라마가 복잡한 일에 휘말려 무산되고 말았다. 생활적으로도 여러 가지 어려움이 한꺼번에 몰려왔다. 바닥을 치면 올라올 수 있겠지 했는데 지하층이 깊이 파여 있어 끝없이 추락하는 기분이었다.

제자가 최고의 작가가 되리라 믿고 있던 선생님께 초라한 내 모습을 보여 드리기 싫었다. 선생님은 전화선 너머로 들려오는 제자의 목소리에 뭔가 낌새를 알아차리셨는지 "힘들지?" 하고는 내가 뭔가 변명을 하기도 전에 말을 이으셨다.

"아직 여행은 끝나지 않았어. 넌 이제 겨우 짐을 꾸린 것뿐이야."

뜨거운 것이 울컥 올라와 나는 서둘러 전화를 끊었다.

시간이 흘러갔고 선생님께 뭔가 자랑할 것이 생겼다. 내가 쓴 책들을 가슴에 품고 선생님 선물도 준비하여 들뜬 마음으로 고향에 갔다. 신문사 기자로 있는 선배가 공항에 마중 나왔다. 나는 선생님 안부부터 물었다. 그런데 선배가 말했다.

"선생님 두 달 전에 돌아가셨어."

머리끝에서 발끝까지 피가 순식간에 내려갔다. 다리에 힘이 풀렸다. 간암으로 돌아가셨다는 말을 들으며 그만 그 자리에 무너지고 말았다. "안 돼"라는 소리도 채 내뱉지 못하고 속으로만 선생님을 불렀다.

'찾아뵈었어야 했는데…… 감사하다는 말을 전해야 하는데…… 죄송합니다. 죄송합니다……'

나는 지금도 힘들 때마다, 지쳐 포기하고 싶을 때마다 선생님의 그 말씀을 떠올린다.

"지금은 서툴러도 괜찮아."

그렇다. 겨우 몇 번의 실패로 절망하기는 이르다. 포기하기는 아깝다. 삶의 여행은 끝나지 않았다. 아니, 이제 겨우 시작이다. 인생의 간이역에 설 때마다 매 순간 여행은 다시 시작된다.

송정림 _ 방송작가입니다. 숙명여대 경영학과와 같은 대학원 정보방송학과를 졸업했습니다. 고등학교 교사로 일하던 시절, 라디오 청소년 드라마 〈청소년 극장〉으로 방송계에 데뷔하였고, 그 뒤 전업 작가의 길로 들어서 〈미쓰 아줌마〉 〈녹색마차〉 〈약속〉 〈너와 나의 노래〉 등 다수의 드라마를 집필하였습니다. 특유의 따뜻한 문체와 감성으로 책 《사랑하는 이의 부탁》 《감동의 습관》 《명작에게 길을 묻다》 등을 썼습니다.

내 일 아니라 생각하면 웃을 수 있다

백재현

●

연예인 생활 13년째 되던 지난 2005년의 일이다. 대학 다닐 때부터 꿈이었던 뮤지컬 연출을 하고자 〈루나틱〉을 기획했다. 그런데 이 땅엔 나 같은 개그맨 출신에게 연출을 맡겨 줄 제작자가 없어 혼자 집을 팔아 제작했다.

결과는? 쫄딱 망했다. 급기야 말로만 듣던 압류가 들어와 집 안 온 집기에 빨간 딱지가 붙었다. 내 작품에 출연한 배우, 스태프의 밀린 출연료와 급여, 거래처의 빚 독촉 또한 나를 너무 힘들게 했다.

죽으려고 소주 일곱 병을 마시고 잠이 들었다. 이대로 잠들면 그냥 죽는 거고, 혹시 깨어나면 그래도 살아야 할 이유가 있는 거라 믿고 열심히 살겠노라고 생각했다.

깨어났다. 살아갈 이유가 있긴 한가 본데, 그 이유를 몰라 눈물만 나왔다. 한참을 울고 나서 평소 믿고 따르던 전유성 선배에게 전화를 했다.

"형, 저희 집 압류됐어요. 저 어떻게 해요?"

"웃어 인마!"

순간 나는 진지하지 않은 선배가 야속했다.

"아니, 이 상황에서 어떻게 웃음이 나와요?"

"네 일 아니라고 생각하면 웃긴 거야, 인마!"

그때는 그게 무슨 소리인지 잘 이해가 안 되었다. 그래서 나한테 닥친 일들을 하나하나 되짚어 보았다. 보증금 500만 원에 월 40만 원 셋방살이 하는 빚만 많은 13년차 연예인이라니, 슬슬 웃음이 나오기 시작했다. 그러고 나자 나 자신이 객관적으로 보이기 시작했다.

집 한 채 없는 신세지만 나는 남들이 흔히 가지지 못하는 '내 작품'을 가지고 있구나. 수많은 관객이 보고 행복해하는 멋진 뮤지컬 〈루나틱〉을 바로 내가 연출했구나. 드디어 나만의 행복이 보이기 시작했다.

그 뒤로 나는 힘든 상황이 닥칠 때마다 내 일이 아니라는 생각을 해본다. 그러면 피식 웃음이 나온다. 그렇게 웃고서, 나만의 행복을 찾아 매일 감사하며 살 수 있게 되었다. 어쩌면 이 미쳐 버릴 듯 힘든 세상을 살아가는 제일 중요한 기술 중 하나가 내 일이 아니라고 생각하며 웃어넘기는 것 아닐까?

백재현 _ 뮤지컬 연출가입니다. 1993년 KBS 특채 개그맨으로 데뷔해, 〈개그콘서트〉 초창기 멤버로 활약했습니다. 그가 연출한 〈루나틱〉은 2004년 1월 초연 이후, 국내 창작뮤지컬 최초로 유료 관객 116만 명을 돌파했습니다. 최근에는 프로젝트 그룹 신치림의 콘서트 '퇴근길 오페라'를 연출하기도 했습니다.

천하!

하성란

●

　　　　내 두 눈이 받아들이는 것이 전부 진실은 아니다. 내 두 눈이 왜곡의 체가 될 수도 있다. 1991년 미산리라는 산골 마을에서였다. 작은 손전등 불빛에 의지해 혼자 길을 걸었다. 왕복 2km도 채 되지 않는 거리였다.

길은 산과 개울을 끼고 나 있었다. 내 손과 발도 보이지 않는 어둠이었다. 손전등 불빛 밖은 낭떠러지처럼 캄캄했다. 발이 가닿는 곳에서 작은 돌들이 버석거리며 흩어졌다.

"여기에서 기다리고 있겠다."

오 선생의 그 말씀이 손전등 불빛보다 더 큰 불빛이었지만 다리를 건너기도 전에 선생의 모습은 어둠에 묻혔다.

그해 여름, 학교의 교지 편집실에 있던 우리는 지도교수인 오 선생이 계신 곳으로 엠티를 갔다. 정기 교통편은 읍에서 끊겼다. 빌린 소형 트럭의 짐칸에 앉아 마을까지 들어갔다. 김씨 집성촌으로, 강을 끼고 집 몇 채가 흩어져 있었다. 그나마 서너 집 중 한 곳은 빈 집이었다. 손이 모자라 미처 거두지 못한 감자들이 익을 대로 익어 붉은 흙 위로 반쯤 몸을 드러냈다.

선생이 여름 한 철 머물렀던 집은 방 두 칸과 부엌이 나란한 일자집이었다. 부엌 한편에 소를 길렀던 축사가 있었다. 무쇠솥이 녹슬지 않은 걸 보면 주인이 떠난 지 오래되지 않은 듯했다. 부엌에 들어설 때마다 아련하게 쇠죽 끓이는 냄새를 맡곤 했다. 선생이 마당가에 뿌린 옥수수들은 우리가 도착했을 무렵 이미 어른 키 높이로 자라 있었다. 밤이면 뱀이라도 지나가는지 옥수숫대들이 소리 없이 흔들렸다.

그 밤에 선생이 나를 불러내 종갓집까지 심부름을 보낸 건 부주의했던 낮의 일에 대한 벌이라는 걸 알았다. 그날 낮에 우리는 비가 와 불어난 강물에 휩쓸렸다. 종아리밖에 오지 않천하.
하늘 아래 산과 바위와
물과 개미처럼
나도 그냥 나였다.

는 물을 얕잡아 본 게 탈이었다. 별일 없이 구조되었지만 모두들 너무도 놀라 늦게 차린 점심에 손도 대지 못했다.

20여 년 전 종갓집 종부를 불러내 전한 선생의 말씀은 기억나지 않는다. 그 밤에 급히 전할 전갈은 아니었던 듯하다. 알겠다고 고개를 끄덕이던 종부의 불그스름한 얼굴은 선명한데 전한 말은 깜깜하다.

어둠은 좀처럼 눈에 익지 않았다. 나는 내 발짝 소리에 가슴을 졸였다. 내 발짝이 내 뒤를 바싹 쫓았다. 농밀한 어둠이 고무마개처럼 몸의 구멍이란 구멍들을 죄다 틀어막았다. 수많은 영상이 어둠의 장막 위로 어른거렸다.

낮 동안 친구들과 깔깔거리며 수없이 오가던 길이었다. 그 길에서 나는 뛸 수도 소리를 지를 수도 없었다. 숲의 그림자와 물소리가 나를 덮쳤다. 허우적대면서 손전등 불빛으로 어둠 곳곳에 괜한 구멍들을 뚫어 놓았다. 천하(天下). 사발 크기만 한 손전등 불빛 속에 우연히 두 글자가 들어왔다.

천하대장군(天下大將軍). 마을 초입에 서 있는 낡은 장승의 몸통에서 나는 그 두 글자를 읽었다. 천하라는 두 글자가 군화 소리처럼 저벅저벅 귀에 울렸다. 천하. 우리는 모두 하늘 아래 있었다. 하늘 아래 산과 바위와 물과 개미처럼 나도 그냥 나였다.

손전등을 껐다. 나는 금방 어둠의 일부가 되었다. 내 두 눈이 손전등이 되었다. 강물 소리는 평화로웠고 깊은 숲속에서 살아 숨 쉬는 모든 것이 나처럼 조용히 움직이고 있었다.

하성란_ 깊은 성찰과 인간에 대한 따뜻한 응시를 담아낸 섬세한 문체로 주목받아 온 소설가입니다. 1996년 단편소설 〈풀〉이 서울신문 신춘문예에 당선되어 등단했습니다. 스물아홉 되던 해 첫아이를 업은 상태에서 당선 소식을 받았다고 합니다. 잇달아 동인문학상(1999), 한국일보문학상(2000), 이수문학상(2004), 오영수문학상(2008)을 받았습니다. 저서로 《루빈의 술잔》《옆집 여자》《푸른 수염의 첫 번째 아내》《삿뽀로 여인숙》《내 영화의 주인공》《A》 등이 있습니다.

은혜는 겨울철에 자란다

이승한

독일의 한 남작이 성곽의 두 탑 끝을 여러 가닥의 철사로 연결해서 거대한 바람 하프를 만들겠다고 생각했다. 그런데 막상 완성하고 보니 하프에서는 웬일인지 소리가 나지 않았다. 마침 부드러운 바람이 불어오자 그제야 거대한 하프는 아름다운 연주를 시작했고, 폭풍이 휘몰아칠 때 가장 장엄한 소리를 들려주었다.

세계적인 물리학자 스티븐 호킹 박사 역시 '루게릭병'이라는 드문 병을 앓아 몸무게 40kg에 손가락 두 개만 움직이는 지체장애인이 되었지만 '특이점 정리', '블랙홀 증발', '양자우주론' 등 혁명적 이론을 제시하며 아인슈타인에 버금가는 물리학자로 평가받고 있다. 그는 "거동이 불편하니까 별달리 할 것이 없어 물리학에 연관된 생각을 많이 했다"며 발병이 오히려 연구에 매진하는 계기가 되었다고 말한다. 역경을 축복의 디딤돌로 세운 사람이다.

우리 부부는 인생의 여정에서 소중한 아들을 하늘나라로 먼저 보냈다. 고작 여덟 살이었다. 아이를 먼저 보낸 슬픔에 아내마저 위암에 걸려 사경을 헤맸고, 어둡고 긴 고난과 슬픔의 겨울이 계속되었다. 그 어떤 사람도 이보다 더 괴롭지는 않을 거라고 생각했다.

신앙심이 깊던 아내는 하나님을 원망하기 시작했다. 나는 아내의 믿음을 저버리지 않기 위해 매주 일요일 아내를 부축해 교회에 나갔고, 저녁마다 아내와 딸의 손을 잡고 우리를 버리지 말아 달라고 간절히 기도했다. 하나님은 아내를 버리지 않았다. 수술한 지 5년 만에 결국 완치 판정을 받은 것이다.

어둡고 긴 터널을 지나온 후 우리는 달라져 있었다. 고난을 겪어 본 사람만이 타인의 고난을 이해할 수 있다는 말이 있다.

 나 역시 역경을 겪으면서 어려운 사람을 이해하는 눈, 세상 보는 눈이 달라졌고, 진정 붙들어야 할 삶의 가치가 무엇인지 깨닫게 된 것 같다.

 '은혜는 겨울철에 가장 많이 자란다(Grace grows best in winter).' 고난을 겪으면서 좌절하는 대신 오히려 강한 극복의 의지를 가지고 참고 견뎌 내면, 고난을 통해 축복을 경험하게 된다. 그 힘겨운 겨울을 지나오면서 우리는 새로운 인생의 가치를 깨닫고, 어떤 일도 두려워하지 않고 극복해 나갈 수 있는 은혜를 받은 것이다.

'잔잔한 파도는 노련한 사공을 만들지 못한다'는 말처럼 나도 거친 파도 속에서 더욱 단단해진 것 같다. 그래서 젊은이들을 만날 때마다 종종 이런 말을 하곤 한다.

"성공은 인생의 지평을 넓혀 주지만, 실패와 역경은 인생의 깊이를 더해 준다."

이승한_ 홈플러스 그룹 회장입니다. 기업의 사회적 책임에 관한 협약인 유엔 글로벌콤팩트 한국협회 대표이기도 합니다. 경영도 예술의 경지에 오를 수 있다고 말하는 그의 별명은 '경영의 모차르트'입니다. 최근 아내인 엄정희 서울사이버대학 교수와 함께《청춘을 디자인하다》를 출간하고, 대학생들의 멘토로 활약하며 큰 힘을 주고 있습니다.《창조 바이러스 H2C》라는 책을 썼습니다.

니는 지게를 지든가, 유명한 놈이 될 끼다

김인철

●

건축가의 길은 무척 험합니다. 남의 땅에, 남의 돈으로, 남의 손을 빌려 자신이 상상하는 집을 지어야 하기 때문이지요. 아무도 알아주지 않는 아이디어를 실현하려면 외로운 노력을 기울여야 합니다. 정말 힘들 때는 괜한 고생을 하는 것 같아 남들 하자는 대로 해버릴까 하는 생각이 들기도 합니다. 하지만 그리 되면 더 이상 건축가일 수 없지요. 그럴 때마다 나는 어린 시절의 기억을 떠올려 스스로를 채근하곤 합니다. 훌륭한 스승이나 멋진 선배의 덕담이 아니라 우연히 만난 어떤 노인의 한마디입니다.

항구도시 진해는 내가 어린 시절을 보낸 곳입니다. 중학교 때까지는 진해가 내가 아는 세상의 전부였지요. 좀 더 큰 세상에 나가게 된 것은 고등학교에 진학하면서부터입니다.

친한 친구들과 뜻을 모아 부산의 명문인 K고교를 목표로 정했습니다. 지금 진해와 부산의 거리는 이웃처럼 가까워졌지만, 1960년대에는 아주 멀었습니다. 시외버스를 타고 자갈이 울퉁불퉁 깔린 신작로를 따라 세 시간 가까이 달려야 닿을 수 있는 곳이었지요. 입학시험을 치르기 전날 여섯 명이 버스의 맨 뒷자리에 앉아 청운의 꿈을 키울 장도(壯途)에 올랐습니다.

버스에는 휴가를 떠나는 해군들도 있었습니다. 우리는 그들과 스스럼없이 친해져서 실없는 농담을 주고받으며 낄낄대느라 수험생의 긴장도, 멀미도 잊은 채 털털거리며 달리고 있었습니다.

왁자지껄한 분위기가 가라앉을 즈음 버스가 정류장에 멈췄고, 승객 몇 명이 내리고 오른 뒤 버스는 다시 덜컹거리며 달리기 시작했습니다. 나른해진 우리는 눈을 반쯤 감은 채 졸고 있었는데, 새로 버스에 오른 노인 한 분이 승객들을 비집고 우리 쪽으로 다가왔습니다.

낮술을 거나하게 하신 듯 취한 눈빛으로 우리를 살펴보던 노인의 시선과 내 시선이 마주쳤습니다. 눈을 끔벅이며 물끄러미 나를 보던 노인은 대뜸 이렇게 말했습니다.

"니는 서울역에서 지게를 지든가, 세상이 알아주는 유명한 놈이 될 끼다."

또 옆에서 지켜보던 수병(水兵)에게 "니 동생이가? 잘 키아라" 하고는 휭 돌아서서 휘적휘적 앞으로 가더니 다음 정류장에서 내렸습니다. 그리고 이내 노인의 뒷모습은 누런 먼지 속으로 사라졌습니다.

부산에 도착한 우리는 다음 날 시험을 치렀습니다. 다행히 모두 합격해 무사히 고등학교를 마치고 각자 전공을 찾아 지금의 인생을 경영하게 되었습니다. 그 뒤 시골길 버스에서 우연히 만났던 그 노인은 한동안 기억에서 사라졌습니다.

그러나 학업을 마치고 실무를 수련하는 고난의 시기가 닥치자 얼굴조차 떠올릴 수 없는 그 노인이 홀연히 다시 나타났습니다. 그리고 건축가의 길을 헤쳐 가는 과정의 고비마다 주저앉거나 타협하려는 나를 일으켜 세우고 등을 밀어주었습니다.

건축가는 집을 짓는 일을 계획하는 사람입니다. 교향악단의 지휘자처럼 온갖 소리를 모아 감동을 만드는 멋진 일을 하는 것처럼 보일지 모르지만 실상은 그렇지 못합니다. 건축 현장은 관악과 현악이 이루는 화음이 아니라 각자 자신의 목적만 생각하는 잡음으로 가득 찬 곳입니다.

건축가의 의지를 도와주기보다 방해하는 힘이 더 큰 곳이어서 자칫하면 의지가 꺾이는 경우가 생기기도 합니다. 상대를 설득하는 것은 매우 힘든 일입니다. 더구나 관점이 다른 의견들을 하나로 모으는 것은 더욱 힘든 일이어서 때로는 포기하고 싶어지기도 합니다.

그럴 때마다 나는 '지게 지는 것'과 '유명한 놈이 되는 것'을 떠올립니다. 그 노인의 예언대로라면 지금 지게를 지고 있지 않은 나는 유명한 놈이 되어 있거나 되어야 하는 것입니다. 아직 유명한 놈이 되지 못했으므로 유명한 놈이 되려면 뜻을 굽히지 않아야 하고, 그러려면 어떤 방안이 필요한지 해법을 찾게 됩니다.

어디에 사는 누구인지도 모르는 취중의 노인에게서 들은

철없던 시절의 한마디가 나도 모르게 인생의 좌우명이 되었습니다. 노인의 말처럼 정말 '유명한 놈'이 될지는 나도 알 수가 없지만 그리 될 것임을 믿고 있습니다. 분명히 지금 나는 서울역 앞에 있지는 않으니까요.

김인철 _ 벌집 모양의 외관이 인상적인 어반하이브, 김옥길 기념관, 파주 웅진 씽크빅, 호수로 가는 집 등 아름다운 건축물을 설계해 온 건축가입니다. 건축설계사무소 아르키움의 대표이며, 중앙대 건축학과 교수로 일하다 지난여름 정년퇴임했습니다. 1990년 국내 건축계의 새로운 패러다임을 연 4.3그룹 활동에 참여한 바 있으며, 전통에 바탕을 둔 '없음의 미학'을 건축에 실현하고 있습니다. 저서로는 《공간열기(空間列記)》와 《대화》 등이 있습니다.

당신의 평화를 빕니다

임영신

2003년, 자동차로 열 시간 가까이 달려 도착한 우리를 맞이하며 수하드가 건넨 첫인사는 "샬롬"이었습니다. 한두 주 뒤면 폭격이 시작될 이라크 바그다드를 그녀는 '평화의 도시'라고 소개했습니다. 1970년대 이라크의 황금기에 대학을 다니고 스튜어디스로 세계를 누볐다는 그녀의 현재 직업은 여행 가이드. 우리 일행은 전쟁 전 마지막 손님이었던 것입니다. 그러나 그 여행이 다른 여행과 사뭇 다르다는 것을 그녀도 우리도 첫 만남에서는 미처 헤아리지 못했습니다.

그녀는 이라크의 남쪽 끝인 바스라부터 북쪽 끝인 모술까지 함께하며 우리에게 이라크 곳곳을 보여 주었습니다. 이라크 도처에 깃든 전쟁의 긴장과 아픔을 찾아가는 여정 중에도 저녁 강가에서 한 잔의 차를 마시기 위해 화로를 들고 강둑을 거니는 가족이나 푸른 숲에서 낡은 놀이기구를 타는 아이들의 웃음과 만날 수 있었습니다. 노을에 물드는 이라크의 아름다운 유적들도 보았습니다.

우리가 왜 이라크에 왔는지 누구보다 잘 아는 그녀였지만, 사라져 버릴지 모르는 아름다운 이라크를, 이곳에는 사담 후세인만 있는 것이 아니라 아름다운 사람들이 살아가고 있음을 보여 주고 싶었던 모양입니다.

그러나 바스라 아동병원의 200여 병상을 가득 채운 아이들이 1991년 걸프전에서 사용된 열화우라늄탄 때문에 기형으로 태어나거나 백혈병을 앓게 된 것이라는 의사의 말을 통역해 줄 때는 그녀가 먼저 울어 버렸고, 우리는 늘 한발 늦게 그녀의 울음을 따라갔습니다. 길에서 어려운 이를 만나면 우리가 지갑을 열기 전에 그녀가 먼저 하루 일당을 덜어 그의 주머니를 채워 주었습니다.

여행 마지막 날. 그날은 이라크 아이들과 티그리스 강가에 평화의 촛불을 띄우기로 약속한 날이었습니다. 이른 아침 수하드는 다급한 목소리로 모든 UN 차량과 외신 기자들이 철수를 시작했다는 소식을 전했습니다. 안전한 탈출 차량을 구하느라 동분서주하는 수하드에게 저는 서류 한 장을 내밀었습니다. 비자 연장 서류였습니다.

"왜 이라크에 남으려는 거죠?"

"이 전쟁을 평화의 눈으로 기록하고 싶어요. 미군이 아니라 이라크 사람의 눈으로, 죽이는 이가 아니라 죽어 가는 이의 눈으로, 남자가 아니라 여자와 아이의 눈으로……."

말을 끝내 다 맺지 못하고 고개를 떨군 제게 그녀는 말했습니다.

"당신이 이라크 사람의 눈으로 이 전쟁을 기록할 수 있다면, 내가 당신의 눈으로 평화의 증인이 될 수 있지 않을까요? 나는 이 전쟁이 당신을 파괴하는 것을 보고 싶지 않아요. 내가 대신 기록할게요. 그리고 살아만 있다면 그 기록을 당신에게 보내 줄게요."

이 전쟁을 평화의 눈으로
기록하고 싶어요.
여자와 어린아이의 눈으로…

말을 마친 그녀는 그 서류를 찢고 제가 타고 나갈 마지막 버스를 예약했습니다.

그날 밤 버스 정류장에 나온 소중한 벗들은 저마다 손에 무언가를 들고 있었습니다. 수하드의 딸들은 제 아이들에게 줄 인형과 선물을 주었고, 운전기사 사바 아저씨는 구호식량으로 빵을 굽다가 제가 맛있게 먹던 생각이 났다며 커다란 빵 봉지를 건넸습니다. 소중한 이들을 두고 혼자 폭격을 피해 국경을 넘는 버스를 타려는 제게 수하드는 말했습니다.

"울지 말아요. 당신이 울면 우리도 울잖아요."

울지 않는 수하드 앞에서 차마 눈물을 보일 수 없었던 저는 한마디 말도 하지 못하고 포옹으로 마지막 인사를 건넨 채, 바그다드를 떠났습니다.

버스가 보이지 않을 때까지 손을 흔들어 주었을 이들을 그곳에 두고 국경을 넘을 무렵, 라디오에서는 뉴스가 하나 흘러나왔습니다. '지금부터 이라크를 떠나지 않는 이들에게 미국은 어떤 안전도 보장할 수 없다'는 선전 포고였습니다.

그제야 저는 불현듯 수하드 대신 제가 해야 할 일이 있다는 것을 깨달았습니다. 고통의 경계 안쪽이 아니라 그 경계를 넘어 바깥에 다다른 이들이 해야 할 진실의 말이 있다는 것을. 제가 떠났던 평화의 여행은 이라크에서 끝난 것이 아니라 이라크에서 시작되고 있는 것임을.

+ 수하드는 다행히 살아남아 전쟁이 끝난 이라크에서 긴급구호 활동을 하고, 평화의 증인으로 이라크의 참상을 기록하는 일을 하고 있습니다. 전쟁은 끝났으나 점령은 쉬이 끝나지 않아 고통 속에 살아가는 바그다드 아이들에게 작은 어린이도서관을 만들어 준 것도 그녀가 있기에 가능한 일이었습니다.

임영신 _ 2003년 '한국이라크반전평화팀'의 일원으로 이라크 땅을 밟았던 것이 계기가 되어 평화 여행가의 길로 들어섰습니다. '평화'를 위해 일하는 사람들의 네트워크인 이매진피스(imaginepeace.or.kr)의 활동가로 공정여행을 알리는 일에도 힘쓰고 있습니다. 《희망을 여행하라》《평화는 나의 여행》 등의 책을 썼습니다. 제10회 한국여성지도자상 젊은지도자상을 수상했습니다.

아득하면 되리라

이재용

대학 시절, 연극에 빠져 있던 나는 매일 연극을 볼 수 있으리란 기대감에 극예술연구회에 들어갔다. 운 좋게도 첫 작품부터 배역을 따내 무대에 섰다. 하지만 내 동기들의 사정은 달랐다. 1년이 지나도 엑스트라로 잠깐 얼굴을 비추거나 아예 무대에 서보지도 못한 녀석이 수두룩했다.

열정이 과했던 선배들은 "세트로 집 한 채 만들어 봐라" 주문하고는 사흘쯤 지나 세트가 완성되면 "세트가 너무 커서 배우를 압도해 버린다. 줄여라" 하고 쉽게 말했다. 그런 날이면 친구들은 밤새 각목 수십 개를 잘라야만 했다. 어느 날 나는 동기들을 위로한답시고 담배를 사 들고 장치실로 찾아갔다. 그때 한쪽 벽면에 '아득하면 되리라'는 문장이 붙어 있었다. 박재삼 시인의 시 제목이었다.

아득하기만 한데 뭐가 된단 말인가! 하지만 이 모순적인 문장은 지난한 삶의 순간마다 나를 일어서게 했다. 연극배우란 정말 쉽지 않은 길이었다. 지하실에 살며 결핵에 걸려 피를 토하고, 숙소가 없이 이곳저곳을 떠돌며 친구 사무실 소파에서 잠을 청하던 시절, 말 그대로 내 인생은 아득했다.

세상에 내가 목소리를 낼 수 있는 곳은 작은 무대가 전부였고, 내 인생의 미래도 배우로서의 희망도 찾기 어려웠다. 그저 나는 아득한 그 어딘가를 향해 걸을 수밖에 없었다. 하지만 어느 순간 나는 알았다. 아득한 것은 손을 놓아 버리는 체념과는 다르다는 것을. 바로 아득하기에 꼼지락꼼지락 움직이면서 길을 찾아 나아갈 수 있음을.

불가(佛家)에 '백척간두진일보(百尺竿頭進一步)'라는 말이 있다. 백 자나 되는 장대 위, 그곳에서 한 발을 내딛으면 얼마나 아득할까. 이 말이 어쩐지 '아득하면 되리라'와 묘하게 상통한다는 느낌을 받았다. 무언가를 이루기 위해서는 그 아득함 어딘가에 서 있어야 하는 것이 아닐까.

그래서 나는 삶의 막막함 때문에 찾아오는 후배와 제자에게 이렇게 말한다.

"인생 길 아득하지? 아득하다 보면 돼."

이재용_ 영화와 드라마를 넘나들며 선 굵은 연기를 펼치는 배우입니다. 오랜 시간 연극 무대에서 활동했던 그는 영화 〈친구〉에 출연하며 대중에게 얼굴을 알렸습니다. 이후 영화 〈지구를 지켜라〉와 드라마 〈피아노〉 〈야인시대〉 〈제5공화국〉 〈주몽〉 〈대물〉 〈적도의 남자〉 〈뿌리 깊은 나무〉 등 수많은 작품에 출연했습니다. 최근에는 드라마 〈전우치〉에서 무게감 있는 내시부 상선을 연기하고 있습니다.

변방이 세계의 중심이다

고명철

고등학교 졸업 후 낯설고 두려운 서울에서 유학 생활의 발걸음을 내디뎠을 때, 나는 뚜렷한 이유 없이 심하게 주눅 들어 있었다. 사방이 물로 막혀 있는 변방의 섬, 제주에서 성장해 왔던 터라 거대한 서울의 실체를 접하는 순간 무언가에 위축되었다.

그것의 정체는 '중심'으로부터 소외되었다는 '변방 콤플렉스'였다. 나는 어서 빨리 변방을 벗어나 그토록 꿈에 그리던 중심으로 진입하고 싶었다. 그래서 나의 '변방성'을 지워 내고

자 얼마나 애를 썼던가.

하지만 나의 실제 생활은 정반대였다. 변방 콤플렉스는 서울로 표상되는 '중심'에 대한 극단적인 반발을 부추겼다. 나 스스로 경계의 울타리를 둘러치고 변방의 독자성을 유지하고자 하는 고립감을 초래하기도 했다. 변방성을 벗어나려 했던 내가 오히려 어느 때부턴가 그것을 더욱 내면화하고 있었던 것이다. 당시 나는 내 삶을 방어하는 데만 급급했다.

이러한 병리적 징후는 제주 출신 작가 현기영과의 만남을 통해 일소되었다. 그는 어느 선술집에서 아들뻘 되는 나와 술잔을 주고받으며, 삶에 대한 소중한 진실을 나지막이 들려주었다. 한국 현대사의 씻을 수 없는 비극으로 각인된 제주 4·3사건을 소설의 화두로 삼으면서 자신도 변방 콤플렉스에 줄곧 빠졌노라고, 하지만 언제부터인지 '변방이 세계의 중심이다!'라는 깨달음에 이르렀다고 그는 고백했다.

현기영 작가의 이 한마디는 지금껏 '변방 대 중심'이라는 이분법적 시각에 갇혀 있던 나 자신의 어리석음을 준열히 꾸짖었다. 그렇다. 이 한마디를 듣기 전까지 나는 중심과 변방을 물리적 실제의 공간 개념으로만 인식한 채, 그것을 마치 내 삶의 전부인 양 받아들이고 있었던 것이다. 그리하여 터무니없는 피해의식에 사로잡혀 있었다. 달리 생각하면, 그것은 중심에 대한 맹목 그 이상도 이하도 아니었다.

이제 나는 그때 선명히 들었던 작가 현기영의 그 한마디에 담겨 있는 삶의 진실을 곰곰 성찰해 본다. 변방의 문제를 변방의 폐쇄성으로 가둬 두지 않는 것, 변방의 야성을 지니되 변방을 특권화하지 않는 것, 그리하여 변방에 응축된 문제를 해결함으로써 삶의 환부를 치유해 낼 수 있다는 소중한 깨우침을 나는 지금도 쉽게 저버릴 수 없다.

그렇다면 이러한 삶의 진실을 깨우쳐 주는 바로 그곳, '변방'이야말로 그의 말처럼 '세계의 중심'인 셈이다.

고명철 _ 문학평론가입니다. 제주에서 태어난 그는 대학 시절 본격적으로 문학과 만나며 문학비평가의 길을 걷게 되었습니다.《비평과 전망》및《실천문학》편집위원을 역임하였고, 현재《리얼리스트》《리토피아》의 편집위원으로서 왕성한 현장 비평활동을 하고 있으며, 광운대 국어국문학과 교수로 재직하고 있습니다.《칼날 위에 서다》등 다수의 평론집을 냈으며, 산문집으로《잠 못 이루는 리얼리스트》가 있습니다.

존경은 노력하여 얻는 것이지, 그냥 주어지는 것이 아니다

한유정

●

USC(서던캘리포니아대) 졸업 후, 좋은 작품을 만나 시작이 좋은 듯했지만 몸만 바쁘지 생활은 나아질 기미가 보이지 않았다. 그러던 중 가뭄에 단비 같은 일이 들어왔다. 한 영화의 아트디렉터 자리였다. 기쁘고 흥분도 되었지만, 아직 훈련이 덜 끝난 군인이 무작정 전쟁터에 나가는 것마냥 두렵기도 했다. 하루하루 힘들었지만 최선을 다했고, 그렇게 차차 적응이 되어 가는 듯했다.

어느 날 아트디렉터로서 미술부를 대변해 조감독에게 이런

저런 제안을 할 일이 생겼다. 하지만 조감독은 나의 한국 악센트가 섞인 영어부터 마땅치 않았는지 아예 내 아이디어를 무시해 버렸다. 그다음부터는 대놓고 내 말을 끊으며 무시하기 시작했다. 그의 싸늘한 눈길에 나는 그 주변만 가도 주눅이 들었다. 어쩌다 몇 마디 말을 해도 내 뜻을 제대로 전달하지 못했다.

그 상황이 억울하기도 했고, 빨리 바로잡아야겠다는 생각이 들었다. 용기를 내어 상관인 디자이너 패티를 찾아갔다.

"나보다 어린 애송이 조감독이 나를 무시합니다. 나는 하루하루 죽을힘을 다해 최선의 노력을 하고 있는데, 대놓고 세트에서 나를 무시하니 일에 지장이 많습니다. 미술부 수장인 당신이 나서서 이 일을 해결해 줬으면 좋겠습니다."

하지만 그녀는 나를 조용히 응시하며 한마디만 하였다.

"Respect is earned, not given(존경은 노력하여 얻는 것이지, 그냥 주어지는 것이 아니다)."

순간 섭섭했다. 오랜 고민 끝에 어렵게 꺼낸 얘기인 만큼, 최소한 위로 정도는 해주리라 생각했었다. "유정, 얼마나 힘들었니? 네가 최선을 다하는 건 누구보다 내가 잘 알고 있으니 기운 내렴. 조감독한테는 내가 잘 얘기해 볼 테니까." 이런 말을 기대했는데, 패티는 그 말만 하고는 멍하니 있는 나를 두고 나가 버렸다. 수많은 생각이 밀려왔다. 그녀는 이미 나에 대한 불평을 조감독에게서 들었던 것일까? 아니면 그 사실을 알고 있었지만 나 스스로 배우기를 기다리고 있었던 걸까?

하지만 곰곰이 곱씹어 보니 맞는 말이었다. 존경이란 나를 대신해 누가 가져다줄 수 있는 것이 아니었다. 나에게 '아트디렉터'라는 직책이 주어졌다고 해서, 모든 사람이 나를 그 직책에 맞게 마음속 깊이 존경하게 만들 수는 없는 일 아닌가. '존경'이란 마음에서부터 우러나 절로 행동이나 말로 나타나는 것이다.

열심히 한다는 것만으로 존경을 받을 수는 없다. 일을 해내는 능력을 비롯해 경험, 인품, 사고방식 등 모든 면에서 상대를 인정할 때 비로소 존경은 생겨난다. 열심히는 하지만 경험과 지식이 부족한 애송이를 존경해 주지 않는다고 불평했으니, 패티 눈에는 내가 얼마나 건방져 보였을까?

그 후 일을 대하고 진행해 나가는 마음가짐부터가 달라졌다. 같이 일하는 사람들은 모두 내가 한 일을 냉정하게 비판

해 줄 '심사평가단'이라고 여겼다. 단순히 '일 잘하는 사람'이 되기보다는 '존경할 만한 사람'이라는 말을 듣기 위해 노력했다. 그렇게 생각하니 윗사람뿐 아니라 아랫사람도 허투루 대할 수 없었다.

지금도 가장 듣기 힘들지만 가장 기분 좋은 소리가 "당신을 존경합니다(I respect you)"이다. 일뿐만 아니라 삶에 있어서도 존경받을 수 있는 사람이 되기 위해, 나는 오늘 하루도 최선을 다한다.

한유정 _ 할리우드 최초의 한국인 미술감독입니다. 학생 신분에도 불구하고 LA 올 로케이션 영화 〈러브〉의 미술 총감독으로 발탁되면서 영화계에 입문했습니다. 파라마운트, 워너브라더스, ESPN, MTV 등 유수의 제작사와 함께 일하는 그녀는, 할리우드 감독들로부터 '훌륭하고 창조적인 눈을 가진 미술감독', '세트를 최상으로 이끌어 내는 미술감독'이라는 평을 받고 있습니다.

기산심해
氣山心海

현철

스케줄이 많다. 여러 단체의 홍보대사를 하고, 성우로도 활동하고, 리허설을 하고, 무대에 선다. 연말연시나 명절에는 더하다. 바쁜 일정 때문에 몸이 몇 개라도 부족할 지경이다. 물론 처음부터 내게 가수의 삶이 허락된 것은 아니었다. 데뷔 후 20년이 넘는 세월 동안 줄곧 나는 가난하고 배고프고 보잘것없는 놈이었다.

가수가 되겠다는 부푼 꿈 하나로 첫 곡을 낸 것이 1969년,

내 나이 스물세 살 때였다. 데뷔와 동시에 무명 생활이 시작되었다. 수입이 전혀 없었고 끼니를 못 챙겨 먹을 때가 더 많았다. 그래도 괜찮았다. 젊어 고생은 사서도 한다고 하지 않던가. 다른 건 아무래도 좋았다. 나는 노래하고, 노래하고, 또 노래했다. 하지만 시간은 참으로 더디게 흘렀다. 20년 동안 이사만 열세 번을 했다. 대부분 월세 1~2만 원짜리 단칸방이었다. 그조차 여의치 않을 때는 친구 집에 세 들어 살고 봉지 쌀을 먹어 가며 연명했다. 연탄 낱장으로 겨울을 나야 할 때는 딸아이를 안고 참 많이도 울었다.

그만둬도 진작 그만뒀어야 한다는 생각이 들 때마다 '기산심해(氣山心海)'라는 말이 나를 붙들었다. 기운은 산과 같이 높고 마음은 바다와 같이 넓다는 의미의 이 사자성어는 중학교 시절 한문 선생님이 해주신 말씀이었다.

"상수(나의 본명)야, 모든 것은 마음에 달려 있는 거란다. 일희일비하지 말거라. 언제나 기운과 마음을 널리 두고 인생을 보아라. 이 말이 너에게 호(號)가 되었으면 좋겠구나."

돈이 없어 딸에게 막대사탕 하나 사줄 수 없을 때도 나는 가수의 길을 갔다. 사람들이 나를 모르면 모르는 대로, 돈이 없으면 없는 대로 그 길을 갔다. 내 마음과 기운을 높고 깊게 하고자 했다.

그런 날들을 보내고 처음 방송을 탄 것이 1978년 리비아 대수로 공사현장 공연이었다. 고국의 아내가 그리우니 〈앉으나 서나 당신 생각〉을 부른 가수를 공연단에 꼭 포함시켜 달라는 근로자들의 요청이 있어 가능한 일이었다. 이후 나는 가수로 승승장구할 수 있었다.

그런데 세상일은 참 알다가도 모르겠다. 사실 그 노래는 이제 그만 가요계를 떠나자 마음먹고 마지막으로 아내에게 바치기 위해 만든 곡이었으니 말이다. 아마 그 기회는 기운을 산처럼, 마음을 바다처럼 먹은 사람에게, 20년 세월이 내린 선물이 아니었을지.

현철 _ 1969년 〈무정한 그대〉라는 곡으로 데뷔해 현재까지 왕성하게 활동하고 있는 트로트 가수입니다. 긴 무명 생활을 거쳐 〈봉선화 연정〉이 빅히트를 기록하면서 국민가수로 자리 잡았습니다. 〈앉으나 서나 당신 생각〉 〈사랑은 나비인가 봐〉 〈청춘을 돌려다오〉 〈싫다 싫어〉 등 수많은 히트곡이 있습니다. '트로트계의 대부'라 불리며 자선공연에도 앞장서고 있습니다.

봄날은 간다

정철진

봄날은 항상 가는 법이다. 물론 봄날이 올 수도 있겠지만 봄날은 '간다'라고 말해야 제격이다.

영화 〈봄날은 간다〉에서 남자 주인공은 "헤어져"라고 차갑게 말하는 그녀에게 "어떻게 사랑이 변하니?"라는 그 유명한 대사를 던진다. 이 영화를 본 건 2001년쯤이었다. 솔직히 고백하자면 나는 이 대목에서 하염없이 눈물을 흘렸다. 참으려 해도 폭포수처럼 쏟아지는 눈물을 막을 수 없었다. 그곳에는 1991년 봄의 내가 있었기 때문이다.

나도 그랬다. 헤어지자는 그녀에게 어떻게 우리 사랑이 깨질 수 있느냐고 애원했다. 하지만 가버린 봄날을 되돌릴 수는 없었다. 술에 절어 하루하루를 보내던 내게, 당시 연극반 여자 선배가 이런 말을 해줬다.

"철진아, 우리가 왜 항상 '봄날은 간다'라고 하는지 알아? 그건 봄날이 왔다고 느끼는 그때가 바로 봄날이 지나가고 있는 순간이기 때문이야. 사랑도 비슷해. 사랑은 오는 순간 이미 지나간 거야. 이제 그만 순순히 보내 줘. 봄날도, 사랑도 가야 또 오는 것 아니겠니."

시작하면 반드시 끝이 찾아오고, 마지막이라 생각하는 그 순간이 실은 새로운 무언가가 출발하는 시점이라는 깨달음은 꽤 오랫동안 내 삶에 큰 여유를 안겨 주었다. '봄날은 간다' 그 한마디를 생각하면 두려울 게 없었고, 잘난 척도 할 수 없었다.

언젠가부터 내 삶에서 자취를 감추었던 그 한마디를 다시 만나게 된 건 2010년 봄이었다. 그렇게 건강하시던 아버지가 뇌종양을 앓고 계시다는 사실을 알게 되었다. 이미 간의 90%도 암세포로 가득 차 있었다. 아버지의 투병 생활이 시작되었고, 나는 하루 일을 마치면 아버지가 계시는 병원으로 향했다.

그때는 내딛는 발걸음, 발걸음이 모두 고통이었다. 입구에 들어서면서부터 맡게 되는 병원 특유의 냄새가 너무 역겨웠고, 초점 없는 눈동자로 병실에 누워 계시는 아버지를 본다는 자체가 괴로움이었다. 병문안 온 손자들을 보며 다섯 살 난 어린아이처럼 환하게 웃는 아버지를 보았을 땐 화장실로 뛰어가 입을 막고 꺼이꺼이 울었다.

"아빠, 아빠, 아빠……."

아버지는 그해 5월, 하늘나라로 가셨다. 장례를 치르고 일주일쯤 후, 택시를 탔는데 라디오에서 장사익이 부르는 〈봄날은 간다〉가 흘러나왔다.

"……꽃이 피면 같이 웃고 꽃이 지면 같이 울던 알뜰한 그 맹세에 봄날은 간다."

그렇게 나는 잊고 살았던 '봄날은 간다'를 다시 만났다. 택시에서 내려 아이스크림 한 통을 사 들고 환하게 웃는 표정으로 집에 갔을 때 더 밝게 웃은 건 아내와 아이들이었다. 큰아이는 "난 아빠 웃는 게 젤로 좋아"라고 했고, 아내는 내 손을 꼭 잡아 줬다.

어쩌면 지금 이 순간에도 어디선가는 모든 것을 쏟아부었던 사랑에 실패해 죽도록 괴로워하는 이가 있을지 모른다. 또 한편에서는 극심한 생활고와 카드 빚 때문에 자살을 생각하는 주부도 있겠고, 어느 곳에서는 경쟁자를 제치고 입찰을 딴 김 부장이 의기양양 폭탄주를 마시고 있을 것이다. 이들 모두에게 내가 전하고 싶은 한마디는 바로 '봄날은 간다'이다.

봄날은 항상 가는 법이다. 그러니까 포기하지 말고 꼭 버텨내기를, 그러니까 자만하지 말고 패자에게 꼭 술 한 잔 건네주기를. 그러면 더 밝고 환한 봄날이 나도 모르는 사이 내 앞에 다가와 있을 것이다.

정철진_ 경제 칼럼니스트입니다.《대한민국 20대 재테크에 미쳐라》를 통해 대한민국에서 가장 많이 팔린 재테크 책 저자라는 타이틀을 얻었습니다. 10년간의 경제신문 기자 생활을 마치고, 시장으로 직접 뛰어들어 투자자문, 컨설팅, 강의 및 집필 활동을 하고 있습니다.《자본에 관한 불편한 진실》《투자, 음모를 읽어라》《주식투자, 이기려면 즐겨라》등의 책을 썼습니다. SBS FM 〈정철진의 스마트 경제〉의 진행자이기도 합니다.

넌 왜 미술부에 안 들어오냐?

임옥상

●

윤완호 선생님! 몇 년 전입니까. 제가 중학생 때였으니 벌써 40여 년의 세월이 흘렀습니다. 행정구역상으로는 부여읍이었지만, 저희 집은 부여 시내에서 6km나 떨어진 벽촌이었지요. 인근 송간초등학교를 졸업하고 읍내에 있는 부여중학교에 진학한 저는 정말 꿈이 많았습니다.

초등학교 3학년 때부터 밀레 같은 화가가 되는 것이 장래 희망이었으니 자연히 미술 선생님에 대한 기대감은 누구보다 컸습니다. 그런데 원체 시골 벽지 학교를 다녔던 터라 그림에 대한 자신감이 없었습니다. 사실 그림 잘 그리는 읍내 큰 학교를 나온 친구들의 그림을 보며 저는 초라해질 대로 초라해졌습니다.

미술 시간에 선생님이 "미술반에 들어올 친구 있으면 손 들어 봐라" 하고 말씀하셨을 때도 저는 감히 손을 들지 못했습니다. 스스로 평가해 봐도 제 실력은 미술반에 들어갈 수준이 아니었기 때문입니다. 몇몇 손을 든 친구들에게 선생님은 학교 뒤편에 있는 정림사지 5층 석탑을 가리키며 그것을 그려 오라고 말씀하셨지요.

저는 무척 흥분했습니다. 과연 저 친구들은 얼마나 잘 그려 올까! 그들의 그림을 본 저는 다시 한 번 좌절했습니다. 특히 두 친구가 그려 온 그림을 보고 저는 눈을 의심하지 않을 수 없었습니다.

수업이 끝나면 미술반을 기웃거리며 미술반원이 된 친구들을 한없이 부러워했습니다. 선생님은 무척 멋있었지요. 항상 미술반원들과 시내 곳곳을 누비며 그림을 그렸고 친동생들처럼 자상하게 가르쳐 줬습니다. 목소리도 우렁차고 부드러워 그 목소리를 옆에서 듣는 것만으로 행복했습니다.

그러던 어느 날이었습니다. 선생님이 제 책상 옆에 멈춰 서서는 한참을 움직이지 않으셨지요. 저는 어리둥절했지만 곧 선생님이 제 그림을 보고 있다는 것을 알아차렸습니다. 덜컥 겁이 났습니다. 무엇인가 잘못되어 야단을 치려는 것은 아닌지 두렵기까지 했었지요. 얼마의 시간이 지났을까요.

"야, 너 인마! 너는 왜 미술부에 안 들어오냐?"

선생님의 우렁찬 목소리에 저는 너무도 놀라 제 귀를 의심했습니다. 그때의 그 말씀을 영원히 잊지 못할 것입니다.

저는 그렇게 그림을 그리게 되었습니다. 비록 다른 친구들만큼은 잘 그리지 못했지만 자랑스럽게 미술실을 드나들며 선생님과 함께하게 되었습니다. 일요일도 쉬지 않고 그림을 그렸습니다. 그럴 때면 선생님은 우리를 신혼집으로 데려가 밥도 먹여 주셨습니다. 부여 문화원에서 미술반 전시도 열어 주고, 활발하게 활동하도록 무척이나 많이 도와주셨습니다.

시험을 보고 나면 누구보다도 먼저 성적을 알려 주시며 미술반원들은 공부도 잘한다고 자랑이 대단하셨지요. "임옥상, 너 또 일등이다!"라는 얘기를 선생님을 통해 듣는 것보다 더 즐거운 일은 없었습니다.

자전거를 도둑맞아 걸어서 학교에 다니던 어느 가을날, 저는 그림을 그리다가 그만 혼자 남게 되었습니다. 혼자 6km의 밤길을 걸어 집으로 가야 했습니다. 누구보다 겁이 많아 밤길은 물론 낮에도 혼자 다니지 않던 제가 온갖 귀신들의 복마전인 산길 들길을 지나 집에 당도했을 때 엄마는 당장 미술반을 그만두라고 야단치셨지요. 그러나 그것이 가당키나 한 말이었겠습니까.

 그런데 선생님과 미술반의 인연은 너무도 짧았습니다. 2학년을 마치고 서울로 전학하게 되었기 때문이지요. 저는 울고 또 울었습니다. 하지만 선생님의 지도를 받은 저는 서울에 와서도 그림으로 이름을 날렸습니다.

 그 후로는 선생님을 한 번도 뵙지 못했습니다. 고등학교 때 그리움이 사무쳐 선생님을 찾았을 때는 이미 전근을 가신 뒤였습니다. 또 시간이 흘러 제가 화가로서 이름을 얻어 가고 있을 무렵 선생님은 이미 돌아가셨습니다.

 지금도 환청처럼 들리는 선생님의 그 말씀 한마디가 아니었다면 저는 지금 무엇을 하고 있을지 상상만 해도 아찔합니다. 선생님은 화가의 길을 가라고는 하지 않으셨습니다. 사랑을 먼저 가르치셨습니다. 제가 이런 화가가 된 것은 순전히 선생님의 영향입니다. 약간 네모진 얼굴에 짤막한 키, 흰 얼굴, 지금도 선생님은 제 곁에 계십니다.

2012년 9월, 임옥상 올림

임옥상 _ 우리 시대가 안고 있는 여러 문제를 다양하고 강렬한 방법으로 표현하는 화가입니다. 특히 환경과 생명, 평화의 소중함을 전하는 작품을 많이 만들었습니다. 현재 임옥상미술연구소 대표이며, 문화개혁 시민연대, 환경운동연합, 참여연대, 평화예술인 국제연대, 갯벌 살리기 문화예술인 모임에서 활발한 활동을 하고 있습니다. 1999년부터 대중미술의 저변 확대를 위한 거리미술 이벤트 '당신도 예술가'를 진행하고 있습니다.

사람 사는 일
어느 것 하나 버릴 게 없네

김용택

　내 삶을 바꾸어 준 단 한마디의 말이 제겐 없습니다. 한 사람의 인생이 어찌 몇 마디의 말로 바뀌겠습니까. 그렇다면 얼마나 좋겠습니까. 누군가의 말이나, 책에서 읽은 어떤 구절이 영향을 주고 삶을 바꾸기도 하겠지만, 그러나 그 한마디가 절대적일 수는 없을 것입니다. 모든 삶의 결과는 절대 어느 날 하루아침에 이루어지지 않습니다. 오랜 세월이 필요하지요.

　나는 평생 영화를 보며 살아왔습니다. 그러다 보니 영화에 대해 할 말이 많았습니다. 그래서 영화 이야기를 써서 책을 내기도 하고, 몇 년 전에는 이창동 감독의 영화 〈시〉에 출연도 했습니다. 또 나는 아침마다 인터넷에서 축구 명장면을 빼놓지 않고 봅니다. 그냥 재미있어서 보았는데, 어느 날 홍명보 축구 교실에서 강연을 부탁해서 축구 강연을 한 적이 있습니다.

이처럼 무엇이든 한 가지 일을 오래 하다 보면 그것을 언젠가는 어디에 써먹을 수가 있습니다. 삶이란, 공부란 그런 것이지요.

하루하루 매 순간, 사람 사는 일 어느 것 하나 버릴 것이 없습니다. 인생을 잘 사는 사람들을 보면 딱 두 가지를 잘하는 사람들이지요. 하나는 남이 하는 말을 잘 듣고, 그 말이 옳으면 생각과 행동을 바꾸어서 내 삶을 바꾸고, 나아가 세상을 바꾸는 사람이지요. 또 하나는 자기가 하고 있는 일을 자세히 들여다보는 사람입니다.

세상을 사는 일은 고난을 겪고 이겨 내는 매 순간이 다 공부지요. 그 순간들이 쌓여 나를 바꾸어 가고, 또 나를 이루어 갑니다. 어느 날 아침에 문득 그냥 주어지는 것은 없습니다.

실패, 좌절, 절망, 때로는 기쁨과 슬픔이 쌓이고 쌓여야 나의 삶을 밀고 가는 힘이 되지요.

한 사람이 한 가지를 이루면 세상의 모든 말이 다 내 말이 되어 다가옵니다. 자신의 말이 기쁜 노래가 될 때까지 우리는 세상의 말들을 내 말로 삼아 삶을 귀하고 소중하게 가꾸며 살아야 합니다.

중요한 것은, 오랜 세월 견디고 기다리고 마침내 이겨 이루어진다는 것을 믿는 것이지요. 그럴 때만 한마디의 말이 나를 바꾸는 말이 될 것입니다.

김용택 _ 섬진강 가에서 태어나 자랐고 섬진강 연작시로 유명한 '섬진강 시인'입니다. 서정적이면서 소박하고 정감 어린 시어들로 수많은 독자들의 사랑을 받았습니다. 자신의 모교이기도 한 임실 운암초등학교 마암분교에서 아이들을 가르치며 시를 썼고, 2008년 8월 정년퇴임을 했습니다. 《섬진강》《그리운 꽃편지》《그 여자네 집》《그대, 거침없는 사랑》《그래서 당신》 등의 시집과 다수의 산문집, 동시집, 소설, 시 엮음집을 냈습니다. 1986년 김수영문학상을, 1997년 소월시문학상을 수상하였습니다.

지금은 서툴러도 괜찮아

1판 1쇄 발행 2012년 12월 24일
1판 8쇄 발행 2014년 11월 10일

지은이 곽경택 김용택 성석제 오소희 이해인 외
그린이 김성신
펴낸이 김성구

책임편집 이미현
단행본부 박혜란 박유진 양숙현 김민기 김동규
디자인 여종욱 문인순
제 작 신태섭
마케팅 최윤호 손기주 송영호 차안나
관 리 김현영

펴낸곳 ㈜샘터사
등 록 2001년 10월 15일 제1-2923호
주 소 서울시 종로구 대학로 116 (110-809)
전 화 02-763-8965(단행본부) 02-763-8966(영업마케팅부)
팩 스 02-3672-1873 **이메일** book@isamtoh.com **홈페이지** www.isamtoh.com

ⓒ 샘터, 2012, Printed in Korea.

이 책은 저작권법에 따라 보호를 받는 저작물이므로 무단 전재와 복제를 금지하며,
이 책의 내용의 전부 또는 일부를 이용하려면 반드시 저작권자와 ㈜샘터사의 서면 동의를 받아야 합니다.

ISBN 978-89-464-1833-2 03810

이 도서의 국립중앙도서관 출판시도서목록(CIP)은 e-CIP 홈페이지
(http://www.nl.go.kr/cip.php)에서 이용하실 수 있습니다. (CIP제어번호: CIP2012005699)

값은 뒤표지에 있습니다.
잘못 만들어진 책은 구입처에서 교환해 드립니다.